業種別・業務別で助言できる！

税理士のための顧問先DX推進サポートブック

辻・本郷ITコンサルティング株式会社 編著

第一法規

はじめに

税理士が顧問先のDXに取り組むべき理由

「税理士の仕事内容は？」と聞かれたとき、皆さんは何を思い浮かべますか。

税理士法に規定されている税理士の独占業務は「税務代理」「税務書類の作成」「税務相談」とされています。しかし、税理士業務に携わる皆さんが思い浮かべる仕事は、この3つよりはるかに多いのではないでしょうか。

記帳代行や申告書作成などの基本業務はもちろんのこと、コンサルティングやアドバイザリー業務も請け負うことがあるでしょう。また、個人の所得税申告を行えばその流れで保険の相談や資産形成について質問を受けたり、後継者問題に悩む経営者に事業承継対策を提案したり……。法人や個人の数字を扱う業種だからこそ、その仕事内容は多岐にわたります。そのためか、税理士はしばしば経営者の「相談役」と呼ばれています。

そして、その相談内容も時代のニーズに合わせて変容しており、近年では遂にDXについての相談も受けるようになってきました。もちろん、税理士の本来の業務範囲を考えれば、必ずしも企業のDXについて対応する必要はないのでしょうが、お客様が昔から求めている「相談役」というポジションを考えると、無下にできないのが税理士の辛いところでもあります。

ただ、お客様の悩みはいつの時代も尽きるものではありませんし、むしろ、時代のニーズに合わせて提供するサービスを増やしていくことは、税理士にとって大きなビジネスチャンスといえます。

本書では、ＤＸについての顧問先からの相談に直面した税理士や会計事務所で働く方々が、お客様に対して適切なサービスを提供できるように、ＤＸに関するさまざまなテーマや必要な知識について、税理士の実務とＤＸに精通するＩＴコンサルタントが解説しています。顧問先から実際に寄せられた「ＤＸについての質問や相談」を類型化し、業務と業種ごとに整理したほか、税理士として顧問先のＤＸ推進を後押しするためのロードマップを描けるような具体的な方策も盛り込んでいます。

今はまだＤＸの意味すらわからず高い壁を目の当たりにしているという方もおられることと思いますが、この本を読み終わるころにはきっと、自信をもって顧問先のＤＸ推進に取り組んでみようという気持ちになるでしょう。

本書には二人の人物が登場します。一人はＤＸになじみのない税理士の黒田、もう一人は税理士の業務をよく知るＩＴコンサルタントの海原です。税理士の黒田はＩＴコンサルタントの海原から顧問先のＤＸを推進するために必要な知識を習得していきます。税理士の黒田が自信をつけていく過程もご覧いただきながら、皆さんの顧問先のＤＸ推進に役立てていただければ幸いです。

辻・本郷ＩＴコンサルティング株式会社

本書を読み進めるにあたって

●本書の主要項目には、見出しとともに☆を示しています。これは、解説している内容の重要度を表し、☆の数が多いほど重要度が高くなっています。

●本書の内容は、原則として令和4年9月1日現在の情報に基づいています。

●掲載した図表のうち出典が記されていないものは、すべて筆者が作成しました。

●本書における主な法律の表記（略称）は次のとおりです。

法律名	本書での表記（略称）
個人情報の保護に関する法律	個人情報保護法
電子計算機を使用して作成する国税関係帳簿書類の保存方法等の特例に関する法律	電子帳簿保存法
電子署名及び認証業務に関する法律	電子署名法
働き方改革を推進するための関係法律の整備に関する法律	働き方改革関連法

目次

プロローグ

―DXへの第一歩は再会から

「黒田先輩、ご無沙汰しております。事務所経営は順調ですか？」

数年ぶりに開催された大学のゼミOB・OG会でのこと。税理士の黒田に笑顔で声をかけてきたのは後輩の海原だった。

「海原じゃないか！　元気か？　事務所の方は、まぁ地元密着型で堅実にやっているよ。海原は今どうしてるんだ？　お前も税理士事務所勤務だったよな？」

「実は僕、今は税理士事務所のグループ会社で、ITコンサルタントをしてるんですよ。『DX推進』を専門に忙しくしています」という海原はどこか誇らしげだった。

「DXか！　最近顧客からもDXやらIT化やら結構相談がくるんだけど、正直よくわからなくて困ってるんだよ。そうだ、お前なら税理士の仕事にも詳しいし、よかったら今度、DXについてよくわかるように教えてもらえないかな？」

こうして二人は近いうちの再会を約束し、歓談の輪に戻っていった。

第1章

まずはＤＸについて理解しよう

DX

エピソード1

数日後、たまたま黒田の事務所の近くを訪れていた海原は、黒田に電話をしてみた。

黒田　黒田会計事務所です。

海原　あ、先輩ですか？　近くまできたのでランチでもどうかな、と思って。

黒田　海原か！　実は俺も連絡しようと思っていたところだったんだ。今朝訪問した顧問先の社長が「わが社もＤＸを進めるぞ！」と目の色を変えていてね。ただ、話を聞いてみると「最近よく耳にするけれど、実際には何をどうすればいいかもわからない」ということらしくて、顧問税理士の俺に相談があったんだよ。海原、ＤＸについて俺でも説明できるように教えてくれないかな。

海原　先輩、企業がＤＸを推進していくには、ＤＸの本質や取り組む意義について正しく理解する必要があるんですよ。まずはＤＸの概要についてお話しするところから始めましょうか。

黒田　じゃあ、10分後にロビーで待ち合わせしよう。

海原　わかりました！

DXとは？　重要度☆

ＤＸ（ディーエックス）とは、そもそも何の略であり、どのような意味があるのでしょう。本章では、読者にまずＤＸの意味を理解していただくため、言葉の起源に触れた広い意味でのＤＸと、経済産業省で定義している日本独自のＤＸをそれぞれ解説しています。

広義のＤＸ

ＤＸとは、「Digital Transformation（デジタル・トランスフォーメーション）」の略語であり、直訳すると「デジタルでの変容（変革）」となります。英語圏ではTransをXと略すため、ＤＴではなくＤＸと表記されます。

ＤＸという言葉自体は、２００４年（平成16年）にスウェーデンのウメオ大学教授エリック・ストルターマンが発表した論文が起源といわれており、その中でＤＸを「ＩＴの浸透が、人々の生活をあらゆる面でより良い方向に変化させる」という概念と定義しています。この論文では、ＤＸという言葉について今後の研究の土台となるべく示したものであるため漠然とした定義づけとなってはいますが、われわれの生活がＩＴによって今よりも良くなることこそが、広い意味でのＤＸであるといえるでしょう。

狭義のＤＸ

経済産業省が平成30年に発表した『デジタルトランスフォーメーションを推進するためのガイドライン』では、ＤＸを「企業がビジネス環境の激しい変化に対応し、データとデジタル技術を活用して、顧客や社会のニーズを基に、製品やサービス、ビジネスモデルを変革するとともに、業務そのものや、組織、プロセス、企業文化・風土を変革し、競争上の優位性を確立すること。」と定義づけています。

先述した広義のＤＸとは異なり、あくまで対象者を企業に限定し、環境の変化に対応すべくデジタル技術を活用していくことを求めているものと解釈できるでしょう。

本書で用いる際のＤＸは、経済産業省が提唱する定義をベースとし、以下のように定義づけています。また、ＤＸに関連して多用される言葉についても整理しました。

●ＤＸ

企業が、企業としての競争力向上や、日々変化するビジネス環境へ適応（対応）するためデジタル技術を活用していく取組み

●DX化
ＩＴ化させることで目的達成させること（例：業務分析をした結果、新規業務を立ち上げる、業務をなくすなどの改革を起こす）
●デジタル化（＝データ化、電子化）
電子データに変換すること（例：紙⇒ＰＤＦ、時計の文字盤⇒24時間表記の数字表記の時計）
●ＩＴ化
電子データを活用すること（例：ＰＤＦデータからＡＩ　ＯＣＲを使って数値を検出し、検出した数値を使って業務分析する）

すなわち、「デジタル化」された情報を活用することが「ＩＴ化」であり、「ＤＸ化」は「ＩＴ化」の一歩先にある企業としてのゴールであるといえるでしょう。

DXの必要性　重要度☆☆

それでは、なぜ世間では、ここまで企業のDX化が求められているのでしょうか。その理由は、企業が抱えているさまざまな問題にあります。

人材不足がもたらす属人化によるリスク

「我が国経済は、深刻な人手不足に直面しています。」これは、中小企業庁が策定した『中小企業・小規模事業者人手不足対応ガイドライン』（平成29年策定、令和2年改訂）の「はじめに」冒頭の一文です。続けて、「求職者一人に対する求人件数は1を超え、人の確保が困難な『求人難』の時代を迎えています。」とあり、わが国の人材不足問題についてはかなり深刻な状況であることがわかります。

人材不足の大きな原因は、少子高齢化に伴う生産年齢人口の減少です。これは、企業にとって大きなダメージです。特に中小企業・小規模事業者については、若者の強い大企業志向や、大企業との賃金格差などの問題により、人材の確保は困難を極めます。

人材が不足してしまうと、一人当たりの業務量が多くなり、業務量が多くなると業務の共有や効率化を図ることが困難となってしまうため、日に日に、目の前の業務をこなすことに精いっぱいになっていきます。

そうなると、一つひとつの業務プロセスは限られた人しか知らないという、いわゆる「属人化」に陥ってしまい、仮にその人が体調を崩したり一身上の都合で休職や退職をしたりした場合には、業務に大きな支障が出てしまいます。

また、一度、業務が属人化してしまった場合、解消するには業務内容を一から紐解いていく必要が出てくるため、大幅な時間と労力が必要となります。

さらに、属人化により業務内容がブラックボックス化してしまうため、担当者による不正行為が容易になるだけでなく、不正を見つけることすら難しくなってしまいます。

デジタルアレルギーによる企業の競争力低下

皆さんの周りに、デジタル機器の話をしたりシステム用語を使ったりすると、その時点で拒絶反応を示す経営者はいらっしゃいますか。仮に、その症状を「デジタルアレルギー」と命名するとして、その発症者はお客様全体の約何割を占めていますか。おそらく、少なくとも約1～2割はその症状がみられるのではないでしょうか。

このように、企業のＤＸ化自体には肯定的でも、いざ自分（自社）が動くことになると腰が重くなり、肝心な始めの一歩が踏み出せない、ということは多くあります。DXを達成するためにはITツールの活用は不可欠であるものの、ノウハウがなくて導入できず従来どおりのアナログ作業で対応している企業もあるでしょう。一方、不十分な理解のまま最新のITツールを導入したりすることによって、業務がかえって複雑化・煩雑化してしまい、最終的に企業の競争力低下を招く原因となってしまうこともあります。

DXの本来の趣旨である、企業の競争力向上を目指すには、実行する前に経営者や関係者のデジタルアレルギーの症状を診断し、自覚させ、またそれを少しずつ克服させていくことが肝心です。

日本におけるDXの実態

重要度☆☆

国策としてのDX

わが国では国・地方行政のIT化やDXの推進を目的として、令和3年9月に「デジタル庁」が設置されました。発足時の職員約600人のうち約200人はIT企業など民間から起用されたこともあって、当初から大きな話題となりました。

【図表】税務行政のデジタル・トランスフォーメーション

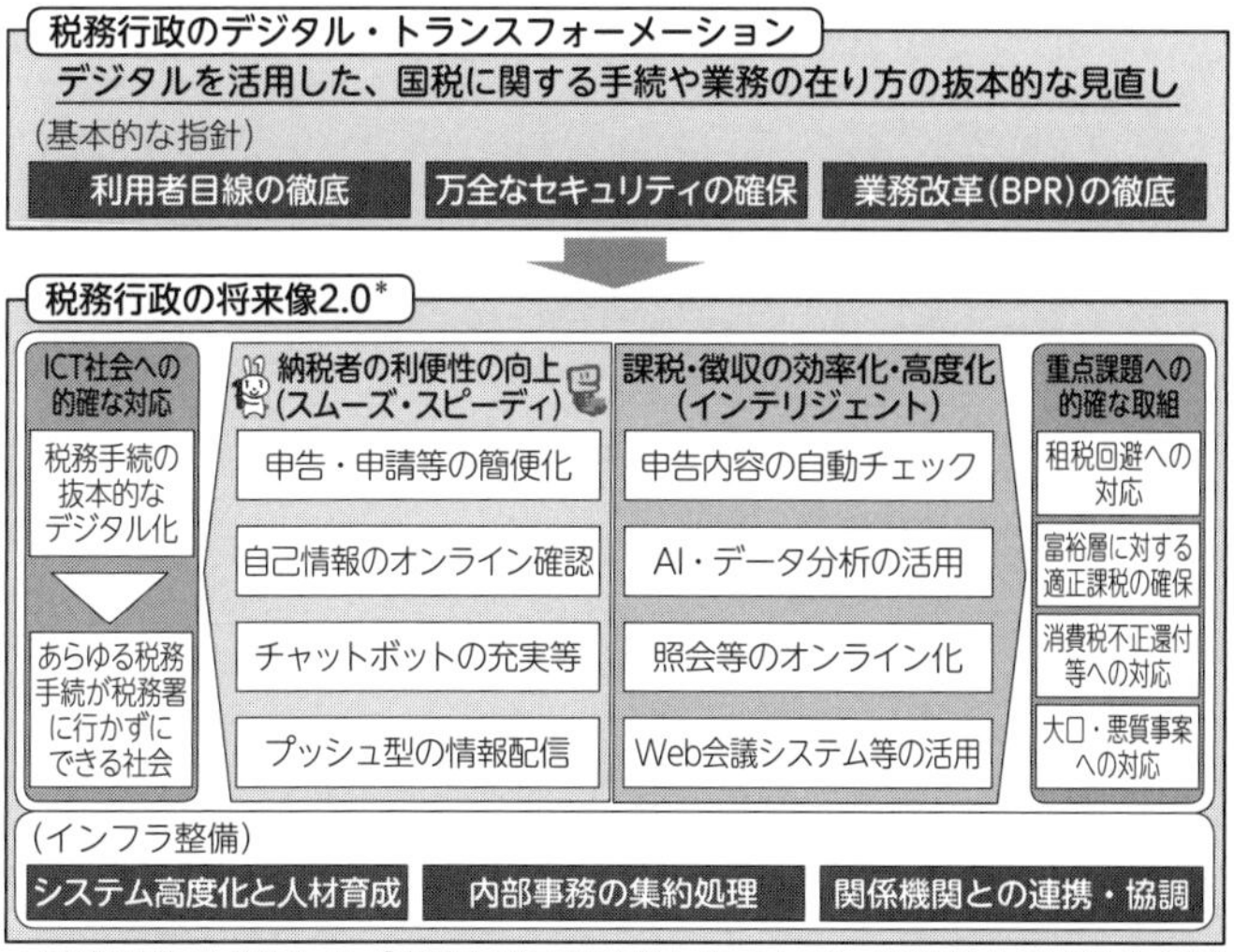

＊平成29年に公表した「税務行政の将来像」について、経済社会の変化やデジタル技術の進展等を踏まえ、アップデートしたもの。

出典：国税庁『税務行政のデジタル・トランスフォーメーション　－税務行政の将来像2.0－』(令和3年6月11日)
(https://www.nta.go.jp/about/introduction/torikumi/digitaltransformation/index.htm)

　また、国税庁では令和3年6月に『税務行政のデジタル・トランスフォーメーション―税務行政の将来像2.0―』を発表し、デジタル庁主導の下、スマートフォンを活用した確定申告や、税務の悩み相談に対応するチャットボットの拡充など、あらゆる手続きを税務署に行かずにできる社会を目指すことを明らかにしています。

【図表】日本と米国のDXへの取組状況

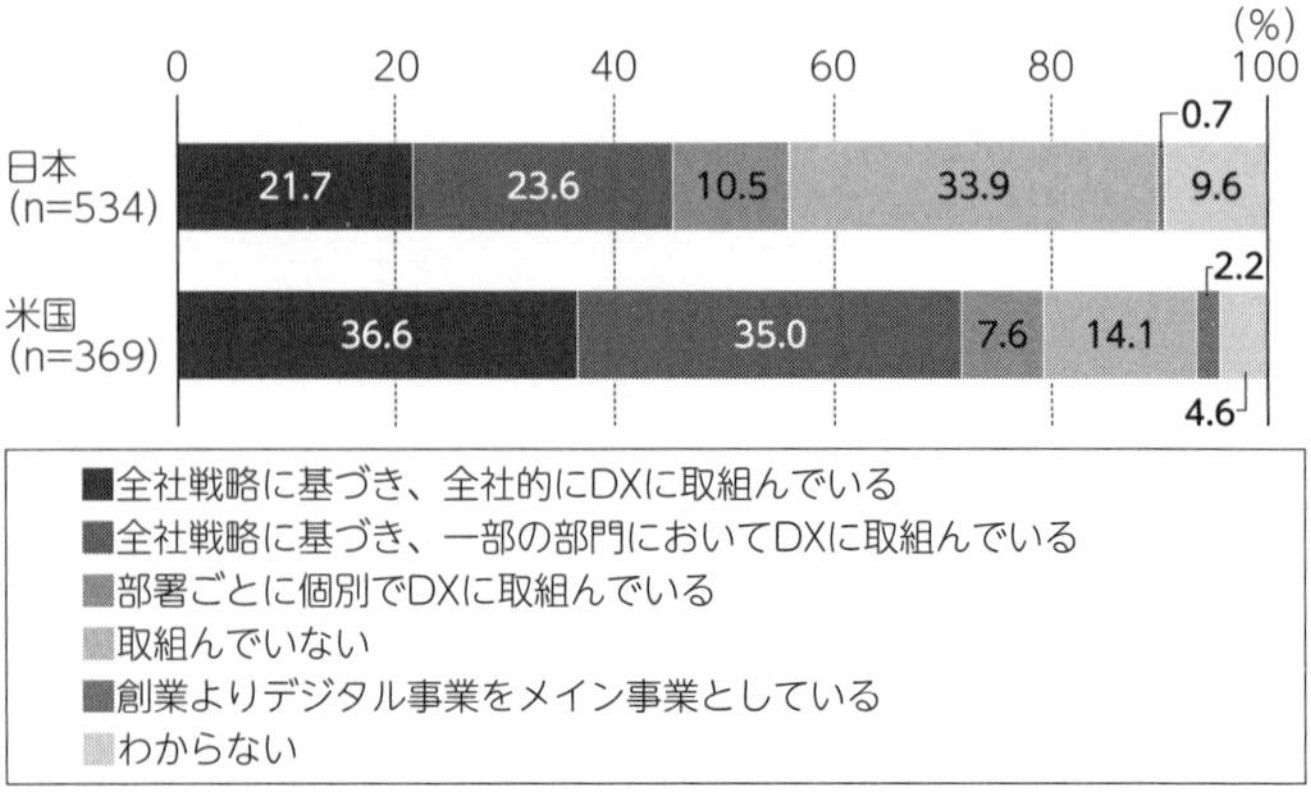

出典：独立行政法人情報処理推進機構『DX白書2021』（2頁）
（https://www.ipa.go.jp/ikc/publish/dx_hakusho.html）

日米のDXへの取組状況

独立行政法人情報処理推進機構（IPA）が令和3年に刊行した『DX白書2021』によれば、DXに取り組んでいる日本の企業は約56％であり、約半数が何かしらの形で企業のDXに挑戦しています。しかし、米国ではそれを大きく上回る約79％がDXに取り組んでいると回答しており、逆に取り組んでいないと回答した米国企業は約14％と、低水準を誇っています（日本は約34％）。

このように、日本でもDXについての動きは活発化してきたものの、世界の水準に比べればまだこれからだといえるでしょう。

２０２５年の崖

　皆さんは「２０２５年の崖」という言葉を知っていますか。これは、平成30年に経済産業省が公表した『ＤＸレポート　～ＩＴシステム「２０２５年の崖」克服とＤＸの本格的な展開～』で指摘されている、日本が抱える大きな問題のことです。簡単にいうと、国内企業がＤＸに取り組まなかった場合、２０２５年（令和７年）以降、国として１年当たり最大12兆円の経済損失が生じる可能性があるという問題です。同レポートでは、このまま放置した際のシナリオとして以下が示されています。

●ユーザー

✓ 爆発的に増加するデータを活用しきれず、デジタル競争の敗者になる
✓ 多くの技術的負債を抱え、業務基盤そのものの維持・継承が困難になる
✓ サイバーセキュリティや事故・災害によるシステムトラブルやデータ滅失・流出等のリスクが高まる

●ベンダー

✓ 技術的負債の保守・運用にリソースを割かざるを得ず、最先端のデジタル技術を担う人材を確保できない
✓ レガシーシステムサポートに伴う人月商売の受託型業務から脱却できない
✓ クラウドベースのサービス開発・提供という世界の主戦場を攻めあぐねる状態になる

逆に、2025年までの間に、複雑化・ブラックボックス化したシステムの見直しをはじめとしたDXを実現することにより、2030年（令和12年）の実質GDPを130兆円超押し上げるとされています。

この崖から転落してしまうと年12兆円の経済損失、かたやDXを実現できれば130兆円の実質GDPの押上げと、まさに天国と地獄のような話ですが、そのデッドラインは着々と近づいてきています。

企業のDXは、自社の成長のみならず日本全体の経済成長も大きく担っています。その企業を支える私たち税理士は、まさに今、顧問先のDXに取り組まなければならないのです。

第2章

ＤＸを加速させる法改正を知ろう

エピソード 2

ロビーで落ち合った二人は、ランチのお店に向かう道すがら、挨拶もそこそこに話し始めた。

黒田 DXを正しく理解しないと、DXの実現ができないどころか市場から取り残されてしまいそうだな。

海原 そうなんですよ。それに国もデジタル化の促進を後押しする法改正を行っています。先輩、電子帳簿保存法の改正はご存じですよね？

黒田 令和4年1月1日から施行されたんだよな。色々と要件が緩和されたようだが、一番インパクトがあったのが電子取引の電子データ保存の義務化じゃないか？ 顧問先もシステム選定に頭を悩ませていたよ。

海原 電子データ保存の義務化については2年間の猶予期間が設けられましたが、延期されたわけではないので、電子帳簿保存法を理解した上での対応が必要ですよね。それに、令和5年10月1日からインボイス制度も導入が決定していますので、受発注システム等の改修など、どのような対策を講じればよいのかお話ししたいと思います。

電子帳簿保存法とは？

重要度☆☆☆☆

制定の経緯と趣旨

「電子帳簿保存法」の正式名称は、「電子計算機を使用して作成する国税関係帳簿書類の保存方法等の特例に関する法律」といいます。長い名前ですね。ですから、本書では、通称の「電子帳簿保存法」という言葉を使うこととします。

電子帳簿保存法の概要

さて、仕訳帳や総勘定元帳といった「帳簿」（国税関係帳簿）や、領収書や請求書などの「書類」（国税関係書類）は、税法で定められた期間、納税地において、保存しておくことが求められているということは、すでにご存じのことと思います。これらは、もともと法人税法や所得税法などにおいて、書面での保存が義務づけられているものです。電子帳簿保存法は、こうした帳簿や書類について、「一定の要件を満たせば電子データでの保存を認めましょう」という趣旨の法律で、平成14年8月に施行されました。

【図表】「国税関係帳簿」と「国税関係書類」

区　分		内　容
国税関係帳簿		仕訳帳、総勘定元帳、一定の取引に関して作成されたその他の帳簿
国税関係書類	決算関係書類等	棚卸表、貸借対照表、損益計算書、計算・整理又は決算に関して作成されたその他の書類
	重要書類	契約書、領収書、預り証、借用証書、預金通帳、小切手、約束手形、有価証券受渡計算書、社債申込書、契約の申込書（定型的約款のないもの）、請求書、納品書、送り状、輸出証明書、恒久的施設との間の内部取引に関して外国法人等が作成する書類のうち上記に相当するもの並びにその写し
	一般書類	検収書、入庫報告書、貨物受領証、見積書、注文書、契約の申込書（定型的約款のあるもの）、及びこれらの写し

出典：国税庁「電子帳簿保存法一問一答【スキャナ保存関係】」（令和３年７月）
４頁掲載の表を基に筆者作成

やや基本に戻りますが、「帳簿」や「書類」には、どのようなものがあるのか、上の図表で確認してみてください。これらは、もともと法人税法や所得税法などで保存が義務づけられているもので、電子帳簿保存法が特別に保存を義務づけているわけではないことを理解しておいてください。

電子帳簿保存法が制定された理由

帳簿や書類を紙で保存したままだと、保存スペースが必要だったり、ファイリングに時間がかかったり、また、経理関係の処理も紙ベースでやらなければならなかったりと、色々な面で、コストがかかったり、業務が非効率だったりしますね。

そこで、企業の業務のデジタル化を促し

て、税務に係る文書保存に対する納税者の負担軽減や生産性向上につなげる狙いから、電子帳簿保存法ができました。また、帳簿書類を適切に保存してもらうことによって、記帳水準を向上させようという狙いもありました。

令和３年度改正の背景と概要

こうした経緯で成立した電子帳簿保存法ですが、当初は、帳簿や書類を電子的に保存するための要件が非常に厳格でした。そのため、企業側の使い勝手が悪く、あまり評判も良くなかったことから、数次の改正を経て徐々に要件が緩和されてきました。

それでもなお、帳簿や書類を電子データで保存するためには税務署長の事前承認が必要でした。また、書面で受け取った取引関係書類をスキャナで保存するなどの際には、受け取った人が自署した上ですぐにタイムスタンプを付さなければならなかったり、書類の受領から入力までの事務処理の内容を定期的に検査することが義務づけられるなど、かなり面倒な要件がたくさんありました。

令和３年度の改正

令和３年度の改正では、電子帳簿等の普及を促進し、記帳水準の向上に資することで適正申告の確保や税務行政の効率化を図る目的から、それまでの制度の抜本的な見直しが行われました。具体的には、税務署長の事前承認が不要となったり、帳簿や書類のデータ保存のための要件が大幅に緩和されるなど、帳簿や書類の電子データでの保存が、大変やりやすくなりました。

また、訂正削除履歴機能等を備えた帳簿データを電子的に保存する場合（「優良な電子帳簿」の要件を満たしている場合）、事前に税務署長に届出書を提出することによって、修正申告・更正請求の際の過少申告加算税が5％軽減されるなどの仕組みも設けられました。

その一方で、請求書や領収書などの取引情報を電子メールやウェブサービスなどを介してやり取りする、いわゆる「電子取引」については、その情報をデータ保存することが義務づけられました。以前は、メールに添付された請求書や領収書は、出力して書面で保存してもよかったのですが、令和4年1月1日以降は、書面での保存は、税法上保存したこととしては取り扱われなくなりましたので、十分注意してください（令和5年12月31日までの宥恕《ゆうじょ》措置が設けられています。詳しくは後述の「電子取引データ保存制度　ニ」の項（36頁）をご覧ください）。この点は、法人税や所得税の申告をするすべての事業者に義務づけられるものですので、最も重要な改正事項になります。なお、電子取引データの電子保存の義務づけは、源泉徴収に係る所得税を除く所得税および法人税に係る帳簿書類の保存義務者に対するものですので、消費税のみの納税者は除かれることにご留意ください。

令和３年度改正の具体的な内容　重要度☆☆☆☆☆

電子帳簿保存法上の３つのカテゴリー

電子帳簿保存法を理解する前提として、電子帳簿保存法では、次の３つのカテゴリーで制度が設けられていることを認識してください。

①自己が最初の段階から一貫してシステム等を使用して作成した「帳簿」や「書類」をデータ保存するための仕組み（自己作成帳簿等保存制度）

②取引先から紙で受領したり、紙で作成した「書類」をスキャナで読み込んでデータ保存するための仕組み（スキャナ保存制度）

③「書類」に通常記載される情報をクラウドサービスや電子メールなどでやり取りする電子取引について、その情報をデータ保存するための仕組み（電子取引データ保存制度）

以後、各カテゴリーの制度について解説します。

【図表】電子帳簿保存法上の３つのカテゴリー

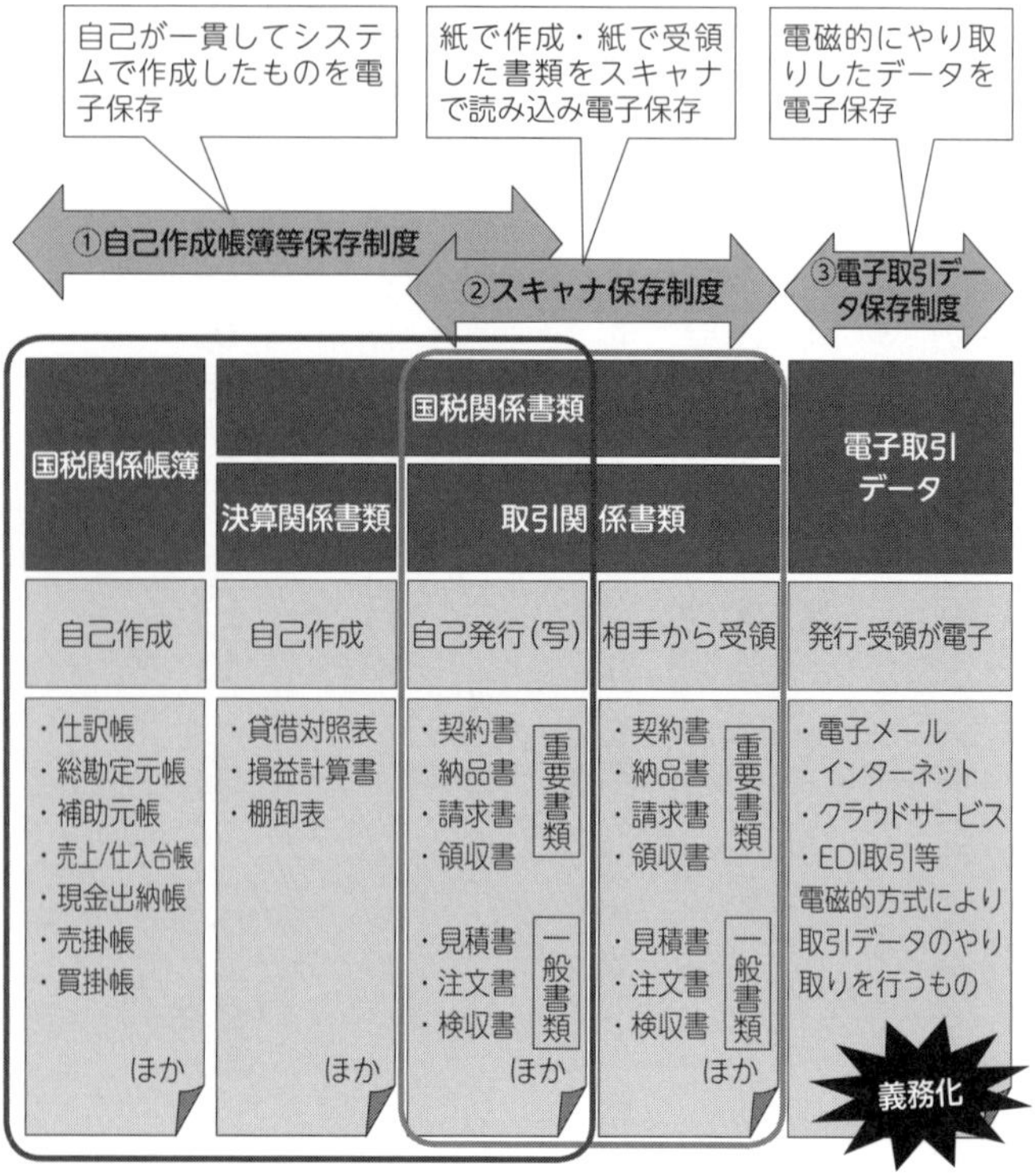

自己作成帳簿等保存制度

イ　概要

自己が会計ソフトやシステム上で電子的に作成した、仕訳帳や総勘定元帳などの「帳簿」や請求書などの「書類」について、電子帳簿保存法上定められた一定の要件を満たせば、書面に出力せず、データのまま保存することができます。裏を返せば、電子帳簿保存法の要件を満たさない状態で電子保存している場合には、別途書面に出力して保存する必要がある、ということになります。3つのカテゴリーのうち、③の電子取引データ保存制度が、取引情報をデータで保存することを義務づけているのとは異なり、データで保存するか否かは任意となっています。

ロ　自己が作成した帳簿や書類のデータ保存のための要件

データでの保存が認められる帳簿や書類は、電子帳簿保存法第4条第1項によれば「自己が一貫して電子計算機を使用して作成」したものとなります。ここで「自己が」というのは、たとえば会計事務所や記帳代行業者に処理を委託している場合も含まれます。また「一貫して」というのは、帳簿等を記録していく過程において、手書きなど電子計算機を使用しない過程を含まずに、帳簿の備付け期間の開始日（書類については保存を行うこととした日）から終了の日まで電子計算機の使用を貫いて作成する場合をいいます。こうして作成された帳簿や書類は、電子帳簿保存法上、次の要件を満たすことによって、データでの保存が認められることとなります。

●自己が作成した帳簿や書類のデータ保存のための要件

✓ 帳簿の場合、複式簿記の原則により記録されていること
✓ 帳簿や書類を作成・保存する電子計算機処理システムの操作説明書などを備え付けること
✓ 帳簿や書類の作成・保存にあたっての「電子計算機処理、帳簿データの備付け、データの保存に関する事務手続きを明らかにした書類」を備え付けること
✓ 電子計算機、プログラム、ディスプレイ、プリンタ、これらの操作説明書を備え付けること
✓ 保存したデータをディスプレイの画面および書面に、整然とした形式および明瞭な状態で速やかに出力できるようにしておくこと
✓ 税務職員の質問検査権に基づく保存データのダウンロードの求めに応じること

ができるようにしておくこと（帳簿の場合の例外要件：次項ハ記載の「優良な電子帳簿」のすべての要件を満たした帳簿の備付け・保存を行っていること。書類の場合の例外要件：①取引年月日その他の日付を検索の条件として設定できること、②その範囲を指定して条件を設定することができること）

以上のように、保存要件は比較的シンプルですが、それでも場合によっては、会計ソフトやシステム上で作成した帳簿や書類について、前記の要件を満たさずにデータで保存している顧問先もあるかもしれません。特に「電子計算機処理、帳簿データの備付け、データの保存に関する事務手続きを明らかにした書類」を備え付けることなくデータ保存している顧問先があれば、これらの書類をきちんと備え付けるよう指導する必要があります。

ハ　優良な電子帳簿制度

前述の要件に加えて、訂正削除等の履歴が残り、かつ作成した帳簿間で相互に関連性が確認できる等、真実性を確保するための要件を満たして帳簿が作成されるなどした場合、これを「優良な電子帳簿」として所轄税務署長に申告期限までに届出をすれば、加算税の軽減などの優遇措置を受けることができます。以下、詳しくみていきましょう。

① 「優良な電子帳簿」の保存要件

「優良な電子帳簿」の場合には、前述のロの要件に加えて、真実性（保存したデータが真実であること）の確保のための以下の要件をいずれも満たすことが求められています。

●真実性を確保するための要件

✓ 記録事項の訂正・削除を行った場合には、これらの事実および内容を確認できる電子計算機処理システムを使用すること
✓ 通常の業務処理期間を経過した後の入力を行った場合には、その事実を確認できる電子計算機処理システムを使用すること
✓ 電子化した帳簿の記録事項とその帳簿に関連する他の帳簿の記録事項との間において、相互にその関連性を確認できること

また、可視性（保存したデータを整然かつ明瞭な形でみることができること）を確保するための要件として、以下の検索機能を備えておく必要があります。ただし、税務職員の質問検査権に基づくダウンロードの求めに応じることができるようにしている場合には、取引年月日、取引金額、取引先を検索条件として設定できることのみで足ります。

●可視性を確保するための要件

✓ 取引年月日、取引金額、取引先を検索条件として設定できること
✓ 日付または金額について、範囲指定により検索できること
✓ 二つ以上の任意の記録項目を組み合わせた条件により検索できること

「優良な電子帳簿」の要件については、国税庁ホームページ掲載の「優良な電子帳簿の要件チェックシート」にわかりやすくまとめられていますので、参考にしてください。

②「優良な電子帳簿」に対する優遇措置

真実性を確保するための要件を備えた「優良な電子帳簿」となると、どのような優遇措置が受けられるのでしょうか？　具体的には、以下の二つになります。

●過少申告加算税の軽減措置

前述のロおよび①の要件のいずれも満たした帳簿に記録された事項に関して、非違があった場合には、これに関する過少申告加算税について、5％の軽減措置を受けることができます。この優遇措置を受けようとする場合には、あらかじめ当該優遇措置の適用を受ける旨の届出書を所轄税務署長に提出する必要があります。

なお、この優遇措置の適用を受けるためには、適用を受けようとする税目に係るすべての帳簿をロおよび①で述べた要件に従って保存する必要がありますので、注意してください。具体的には、たとえば、現金出納帳、固定資産台帳、売掛帳、買掛帳、経費帳等の帳簿を作成している場合には、各帳簿について、ロおよび①の要件に従って保存する必要があります。

●所得税の青色申告特別控除（65万円）の適用

令和4年分以降の所得税の申告において、その年分の事業における仕訳帳および総勘定元帳について優良な電子帳簿の要件を満たして電子データによる備付けおよび保存を行い、一定の事項を記載した届出書を確定申告期限までに確定申告書とともに提出することにより、所得税の青色申告特別控除（65万円）の適用を受けることができます。

スキャナ保存制度

イ　概要

相手方と書面によりやり取りした請求書などの書類について、書面による保存に替えて、スキャナ等で読み込み、データ化して保存することができる仕組みです。前述の自己作成帳簿等保存制度（21頁）と同様、データで保存するか否かは任意です。また、データで保存するとした場合、その対象書類の範囲をどうするかについても、任意に決めることができます。

□ 書面により作成または受領した書類のデータ保存のための要件

取引先から受け取った請求書や自己が作成した請求書の写しなどをスキャンして、データ化して保存するためには、電子帳簿保存法上、保存するデータの真実性や可視性を確保するため、次に示す要件を満たす必要があります。

●真実性を確保するための要件

✓ 次のいずれかの期間内に入力すること（入力期間の制限）
- ●書類を作成または受領後、速やかに（おおむね7営業日以内）入力すること
- ●書類の作成または受領から入力までの事務処理規程を定めている場合においては、その業務の処理に係る通常の期間を経過した後速やかに（最長2カ月とおおむね7営業日以内）入力すること

✓ 入力にあたっては、次の要件を満たすシステムを使用すること

●解像度200dpi以上、カラー画像（赤・緑・青それぞれ256階調以上）で読み取ることのできるスキャナを使用するシステムであること
●書類の作成または受領後、速やかに（おおむね7営業日以内）タイムスタンプを付すこと（「当該国税関係書類の作成または受領から当該タイムスタンプを付すまでの各事務の処理に関する規程」を定めている場合には、その業務の処理に係る通常の期間経過後速やかに（最長2カ月とおおむね7営業日）タイムスタンプを付すこと）
※他者が提供するクラウドサーバーにより保存を行い、当該クラウドサーバーがNTP（Network Time Protocol）サーバーと同期するなどにより、入力が期限内に行われたことが確認できるように、その保存日時の証明が客観的に担保されるようなシステムを使用している場合には、タイムスタンプの付与に代えることができる
●解像度、階調、書類の大きさに関する情報を保存すること（ただし、書類を作成または受領する者がスキャンする場合には、その書類がA4以下であるときには、書類の大きさに関する情報は不要）
●記録事項の訂正・削除不可、あるいは訂正・削除の履歴が確認できること

✓ 入力作業を行う者またはその者を直接監督する者に関する情報を確認できること

✓ スキャナ保存された書類と、これに関連する帳簿の記録事項との間において、相互にその関連性を確認できること

●可視性を確保するための要件

✓ 保存するシステムの概要を記載した書類の備付けを行うこと

✓ パソコン、プログラム、カラーディスプレイ、カラープリンタなどの備付け

✓ 保存した取引記録をディスプレイの画面および書面に整然とした形式、明瞭、かつ拡大または縮小が可能な状態で、速やかに出力することができるようにしておくこと

✓次の検索機能を確保すること（税務職員の質問検査権に基づくダウンロードの求めに応じることができるようにしている場合には、取引年月日、取引金額、取引先を検索条件として設定できればよい）
●取引年月日その他の日付、取引金額、取引先を検索条件として設定できること
●日付または金額について、範囲指定により検索できること
●二つ以上の任意の記録項目を組み合わせた条件により検索できること

ハ　一般書類についての保存要件

以上で述べてきたスキャナ保存のための要件は、請求書や領収書、契約書といった、資金やものの流れや所得金額の計算に直結・連動するとされる、いわゆる「重要書類」を対象としたものです。これ以外の、たとえば検収書、見積書、注文書といった、資金やものの流れに直結しない書類は、「一般書類」と呼ばれ、スキャナ保存のための要件が緩和されています。何が「重要書類」で、何が「一般書類」なのかについては、16頁に掲げた表を参照してください。一般書類として取り扱われる書類については、スキャナ保存する書類に係る「電磁的記録の作成および保存に関する事務の手続きを明らかにした書類」（当

該事務の責任者が定められているものに限る）の備付けを行うことにより、カラーの代わりに白黒で保存することが可能となり、入力期限やタイムスタンプの付与期限も、「作成または受領後速やかに」ではなく適宜のタイミングで可、ということになります。

ニ　重加算税の加重措置

スキャナ保存された書類の記録事項に関して、仮装または隠ぺいにより重加算税が賦課されることとなった場合、10％の加重措置が設けられています。したがって、標準的な重加算税率は35％ですが、これがスキャナ保存された書類の記録事項について仮装や隠ぺいが認められると、重加算税率は45％となりますので、顧問先を指導する際には、十分注意してください。

電子取引データ保存制度

イ　概要

「電子取引」とは、請求書や領収書などに通常書かれている取引情報を電子的な方法でやり取りする取引のことをいいます。具体的な例を挙げてみましょう。

●電子メール、ＤＶＤ等の媒体やペーパーレスＦＡＸにより請求書等のＰＤＦファイルを

受領

- ウェブサイト上で表示される請求書等のスクリーンショットを利用
- 電子請求書や電子領収書の授受に係るクラウドサービスを利用
- クレジットカードの利用明細データ、交通系ICカードによる支払データ、スマホアプリによる決済データ等の請求書等をクラウドサービスにより受領
- 特定の取引に係るEDIシステム（専用回線を使用して取引先と発注や請求を電子的に行う仕組み）を利用

令和4年1月1日以降、こうした方法でやり取りしたデータについては、電子帳簿保存法上の要件にしたがって、データで保存することが義務づけられています。従来は、相手方とやり取りした電子取引データについては、書面に出力して保存することが可能でしたが、こうしたやり方は、税法上、保存義務を果たしたこととはされませんので、注意する必要があります。

この点については、令和5年12月31日までの宥恕措置が設けられていますが、いずれにしても、期限までには対応しなければなりませんので、データ保存に対応するための手を抜くわけにはいかないことに留意してください。

この義務は、源泉徴収以外の所得税や法人税に係る帳簿書類の保存義務があるすべての

事業者が対象となります（つまり消費税のみ申告している事業者は除かれます）。

データ保存が義務づけられていますので、19頁で述べた、電子帳簿保存法上の３つのカテゴリーの中で実務的に最も重要なものとなります。

□　電子取引に係るデータの保存要件

電子取引を行ったら、そのデータはどのように保存する必要があるのでしょうか？　電子帳簿保存法では、保存するデータの真実性や可視性を確保するため、以下の要件を定めています。

●真実性を確保するための要件（以下の「いずれか」の措置を行うこと）

- ✓ あらかじめタイムスタンプが付された取引情報の授受を行うこと
- ✓ 取引情報の授受後速やかに（おおむね7営業日以内）タイムスタンプを付すこと
- ✓ 取引情報の授受後、業務処理に係る通常の期間経過後速やかに（最長2カ月とおおむね7営業日）タイムスタンプを付すこと
- ✓ 訂正削除不可または訂正削除履歴の残るクラウドサービス等において取引情報を授受・保存すること

✓ 取引情報について「正当な理由がない訂正および削除の防止に関する事務処理の規程」を作成し、それに従って運用すること

コストをかけて取引データにタイムスタンプを付したり、クラウドサービスを利用して保存するのでなければ、最後の「正当な理由がない訂正および削除の防止に関する事務処理の規程」により、保存データの不正な訂正等の防止に努めることとなります。事務処理規程のひな型は、国税庁「電子帳簿保存法一問一答【電子取引関係】」に掲載されていますので、参考にしてください。

●可視性を確保するための要件（以下の「すべての」要件に従って保存すること）

✓ 保存するシステムの概要を記載した書類の備付けを行うこと

✓ パソコン、プログラム、ディスプレイ、プリンタなどの備付け

✓ 保存した取引記録をディスプレイの画面および書面に整然とした形式および明瞭な状態で、速やかに出力することができるようにしておくこと

✓次の検索機能を確保すること（税務職員の質問検査権に基づくダウンロードの求めに応じることができるようにしている場合には、(b)、(c)の要件は不要。また、課税基準期間における売上高が1000万円以下であるときは、(a)～(c)のいずれも不要）

(a)　取引年月日その他の日付、取引金額、取引先を検索条件として設定できること

(b)　日付または金額について、範囲指定により検索できること

(c)　二つ以上の任意の記録項目を組み合わせた条件により検索できること

ハ　重加算税の加重措置

電子取引の取引データについて、仮装または隠ぺいが行われた場合にも、スキャナ保存の場合（31頁）と同様に、重加算税について、10％の加重措置が設けられています。

二　令和5年12月31日までの宥恕措置

令和3年12月27日の財務省令改正により、電子取引のデータ保存への対応が間に合わない場合、令和5年12月31日までに行う電子取引については、保存すべきデータを書面にして出力して保存し、税務調査等の際に提示または提出ができるようにしておけば、差し支えないこととされました。ただし、令和6年1月1日以降に行う電子取引のデータについては、前述のロの要件に従った保存が必要ですので、そのための準備をしておかなければなりません。

これでOK!!　電子帳簿保存法への対応　重要度☆☆☆☆☆

電子帳簿保存法への対応に向けた3ステップ

ステップ1　電子取引の把握

電子帳簿保存法への対応、とりわけ電子的な保存が義務化される電子取引への対応でまずすべきことは、取引関係書類に関する現状の把握です。具体的には、お客様の部署・部

【図表】部門別取引関係書類調査表のサンプル（ステップ1）

2022/○/○現在
部門名：営業○課

取引先	書類の種類	受領者	受領方法	月枚数	取引の内容	備考
A商事	請求書	経理部	メール	30	仕入	出力保存（データは各パソコンに保存）
B物産	請求書	経理部	EDI	150	経費	出力保存（データは部門フォルダに保存）
C商店	領収書	営業部	郵送（紙）	20	経費	
⋮						

門単位で、販売管理、購買、債務支払い、経費精算など業務フローごとに書類の種類、授受の方法、保存方法などを把握していただくようにしましょう。その際、上の図表のような調査表を活用するとよいでしょう。

なお、取引関係書類は多岐にわたり、その数も膨大になりますので、調査の際には現状電子的に授受しているデータのうち、請求書や契約書をはじめとした、おそらく紙で出力・保存しているものから優先して行っていただくようにお伝えするのもよいでしょう。

ポイントは「なるべく早めに始める」ようにお伝えすることです。さまざまな部署が関わるため時間がかかりますが、この把

【図表】保存方法の検討（ステップ2）

お客様の状況	可視性の要件（検索性の確保）	真実性の要件
・個人事業主 ・電子取引情報が少ない ・電子取引情報に関与する担当者を限定できる	△ **請求書等保存システムを利用しない** 規則性のあるファイル名 or 索引簿による保存	**正当な理由がない訂正及び削除の防止に関する事務処理規程に基づく管理**
上記以外	◎ **請求書等保存システムを利用する**	◎ タイムスタンプ・訂正削除記録が残せる/できないシステムの利用 ＋ **正当な理由がない訂正及び削除の防止に関する事務処理規程に基づく管理**

握が完了しないと次のステップである「保存方法の検討」に進めません。

ステップ2　保存方法の検討

次に取り組むべきステップは電子取引データの保存要件を備えた形での保存方法の検討となります。すでに「電子取引データ保存制度　ロ」の項（33頁）で解説したとおり、電子取引データの保存要件は大きく「真実性を確保するための要件」と「可視性を確保するための要件」に分類されますが、この要件をどのような保存方法で順守するかの方針をご提案しましょう。なお、当社ではお客様の状況に応じ、上の図表のような保存方法を提案しています。

ステップ3　スキャナ保存への対応の検討

また、請求書等保存システムの利用をおすすめした場合には、ステップ3としてスキャナ保存への対応までご提案してもよいでしょう。スキャナ保存への対応は請求書等保存システムの利用が必須とはなりますが、授受の方法によって保存方法や保存場所が混在するより、すべて電子保存することが社内管理の観点や経理業務の効率化を進める点からも望ましいといえます。「スキャナ保存制度　ロ」の項（27頁）で解説したとおり、スキャナ保存の保存要件は、検索要件やタイムスタンプに関するルールは電子取引の保存要件と類似している一方、スキャナ保存独自の色調等の要件や帳簿との相互関連性要件などもあります。請求書等保存システムを利用するとの方針を決定した段階で、そのシステムがスキャナ保存にまで対応しているか確認するのがよいでしょう。

悩み解決！　電子帳簿保存法についてのよくある質問

ここからは、これまで当社に多く寄せられた質問について、ご紹介します。

Q　電子取引データについて、これまで認められていた「紙で出力し保存」するという方法は禁止されてしまったのでしょうか？

A　令和5年12月31日までの間は、宥恕措置により、やむを得ない事情があり、整然とした形式および明瞭な状態で出力されたものを準備することで、紙での保存も認められます。なお、令和6年1月1日以降は、電子取引データを電子保存することが義務化されますが、紙で出力すること自体が禁止されると誤解されているお客様も見受けられます。要件に従って当該電子取引データの電子保存がなされていれば、紙で出力すること自体を禁止するものではないということをきちんとお伝えしましょう。

Q お客様の会社の従業員が経費の立替払いをした際、クラウドサービスで領収書を受け取りました。電子取引に該当しますか？

A 該当します。当該立替経費は会社の費用として計上されることになるため、会社が行った電子取引になります。

このほか、交通費や出張旅費などの交通系ICカードによる決済や、交際費や消耗品のクレジットカードでの購入にも注意してください。これらの利用明細や領収書をメールやホームページ、アプリで受け取る場合は、いずれも電子取引に該当するため電子保存が必要です。

電子取引データは会社側で取りまとめて保存・管理するのが望ましいですが、一定期間、従業員のパソコンやスマートフォンなどに保存しておきつつ、会社側でも日付、金額、取引先の検索条件に紐づける形でその保存状況を管理する方法も認められます。この措置は、直ちに電子取引データを集約する体制を構築することが困難な場合を想定し、認められた処理です。この場合も、お客様が「正当な理由がない訂正および削除の防止に関する事務処理規程」に基づいて管理し、整然とした形式および明瞭な状態で速やかに出力できる状況を整えておく必要があります。

Q　請求書等保存システムの利用をご提案する場合、お客様にどのようなシステムを紹介すればよいでしょうか？

A　「請求書等保存システムの利用」と一言でいっても、会計ソフト上で仕訳に紐づけて保存する方法や、販売管理システムや経費精算システムの伝票に紐づけて保存する方法のほか、さまざまな種類の証憑を保管できる文書保管システムを利用する方法など、多様な利用方法が考えられます。

基本的には、お客様が今利用しているシステムが電子帳簿保存法に対応できるものかをまず調べていただき、対応できるようであればそちらを活用することを提案しましょう。もし請求書等保存システムとして対応できるシステムを複数利用している場合には、「請求書・領収書についてはAというシステムに保存、契約書についてはBというシステムに保存」というように組み合わせて対応するといった提案をしていただくのがよいかと思います。一方で、一部の証憑にしか対応していないシステムを利用している場合や、特定の業務（たとえば販売管理）には自社開発システムを使用しており電子帳簿保存法に対応できない場合などは、新たなシステムの導入をした方がよいかもしれません。その際は、メインで利用しているシステム（会計ソフトなど）と同じベンダーの電子帳簿保存法に対応した周辺システムをおすすめすると、互換性に優れてよいでしょう。また、一部の証憑だけが請求書等保存システムに保存できない場合に、その量が多くないときは、特別な請求書等保存システムを使用しない方法（国税庁「電子帳簿保存法一問一答【電子取引関係】」問12を参照）で補完することを提案してもよろしいかと思います。

インボイス制度が経理のＤＸ化を後押し!?

重要度☆☆☆☆☆

電子インボイスの取扱い

経理のＤＸ化という観点からもうひとつの大きなトピックは、令和5年10月に施行される改正消費税法の仕入税額控除制度における適格請求書等保存方式（インボイス制度）でしょう。インボイス制度とDX化が結びつかないという方もおられるかもしれませんが、インボイス制度の開始により請求書などの電子化が一層進むと考えられているのです。

本書ではインボイス制度自体の詳細な説明は割愛しますが、インボイス制度の開始に伴い、適格請求書発行事業者の登録番号をはじめ請求書等の記載事項が追加されるほか、現在は保存しなくてよい少額（３万円未満）の請求書等や発行側の請求書等の写しも保存対象となり、取引相手が免税事業者であることを確認するステップも加わります。これらをすべて紙で行う場合には業務負担が増えることが想定されます。つまり、保存する文書の枚数増加への対応や仕訳入力時の負担の増大を防ぐため、電子化を進めることはインボイス制度への対応の鍵といえるでしょう。

実際に各ベンダーがインボイス制度にスムーズに対応できるように請求書等発行システムや販売管理システムの販売に向けて攻勢をかけている印象を受けます。

電子帳簿保存法との関係

改正消費税法では、保存要件を満たした請求書（適格請求書）を電磁的記録の方式（電子インボイス）で提供することも認められており、国税庁から電子インボイスによる提供方法として、ＥＤＩ取引や電子メール、ウェブサイトを通じた提供が例示されています。

ただし、電子インボイスでやり取りするということは、電子取引に該当し、電子帳簿保存法との兼ね合いから当然電子保存しなければならないといった問題が生じますので、保存方法を含めて対応を考えなければなりません。

電子インボイスの標準化の動き

インボイス制度の対応で注意すべきなのは、電子インボイスでやり取りしたからといって、必ずしも業務負担が軽減するとは限らないということです。

業務の効率化という観点からみると、現実的にはメールやウェブサイト上で請求書等をＰＤＦなどの形で受け取っても、紙の請求書の単なるデジタル化（Digitization）でしかなく、アナログなオペレーションが依然として残り、紙の請求書の場合と生産性は大きく変わらないかもしれません。一方で、ＥＤＩなどを利用して、データの自動取込みを行い、業務の効率化を目指しても、現状請求書の規格の統一化が図られていないため、複数の取引先のシステムが同じ規格を使用していなければ自動取込みは難しくなります。

そこで、デジタル庁と民間のシステムベンダー等が中心となって電子インボイスをやり取りするネットワークと電子インボイスの規格・種類を標準化することで、デジタル化による社会全体の業務プロセスの変革（Digitalization）、そしてＤＸへとつなげていくというプロジェクトが発足しました。

ＪＰ ＰＩＮＴの活用

デジタル庁とシステムベンダーにより発足された団体である「デジタルインボイス推進協議会」（ＥＩＰＡ）が、日本国内で活動する事業者が共通して利用できるデジタルインボイス（標準化され構造化された電子インボイス）に関するシステムの構築を目指す際に採用したのが、Ｐｅｐｐｏｌ（Pan European Public Procurement Onlineの略、「ペポル」と読みます。）という、欧州を中心に請求書などの電子文書をネットワーク上でやり取りするために利用されている「文書仕様」「運用ルール」「ネットワーク」のグローバルな標準仕様です。日本の法令や商慣習を反映した「Peppol BIS Billing JP」（その後「ＪＰ ＰＩＮＴ」に改称。以下、本書では「ＪＰ ＰＩＮＴ」と呼びます。）のドラフト版がデジタル庁から公表されており、また、そのネットワークにアクセスできる「ペポルサービスプロバイダー」に一部システムベンダーが認定されるなど着実に日本でのデジタルインボイス・システムの準備が進んでいます。

ＪＰ ＰＩＮＴの利用のメリットは次のとおりです。

【図表】JP PINTを利用した請求書ネットワークのイメージ

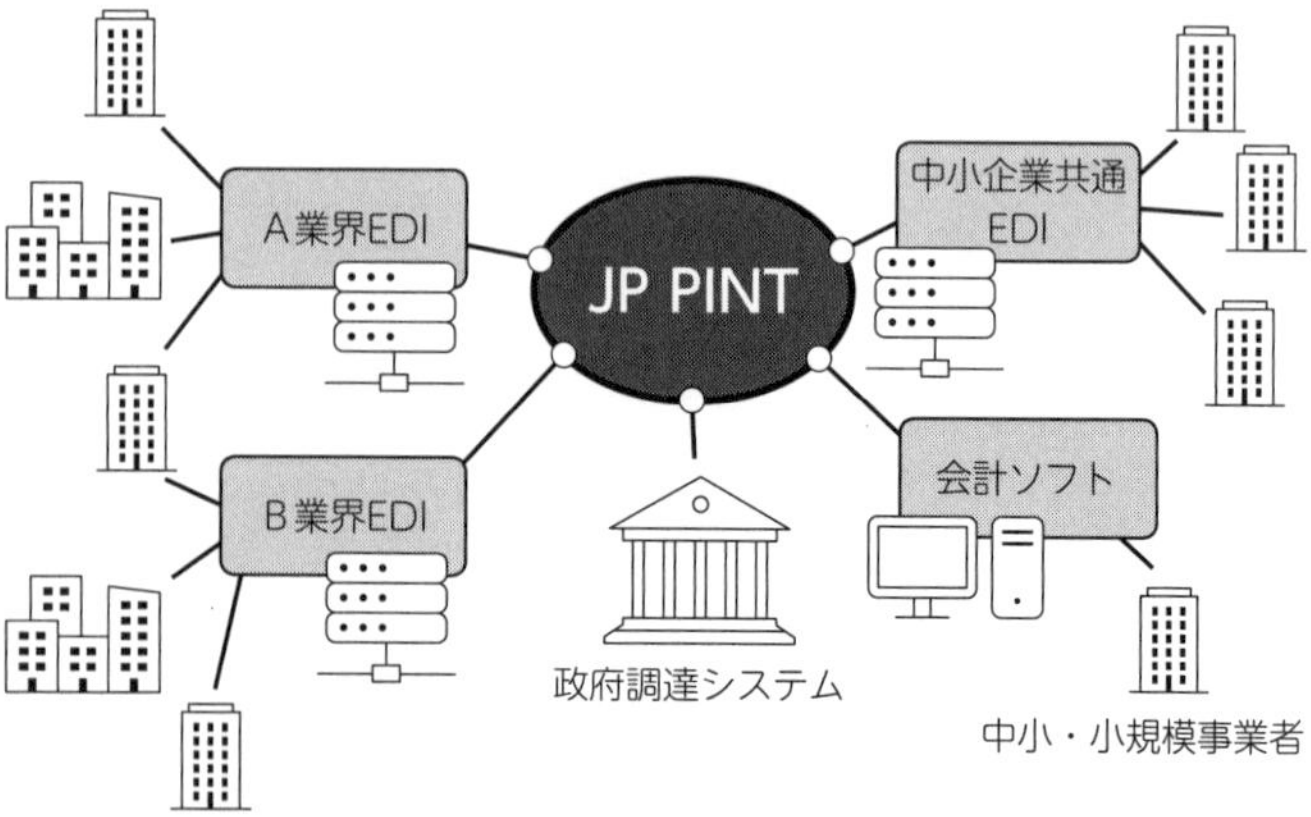

出典：内閣官房IT総合戦略室「電子インボイスに係る取り組み状況について」（令和２年12月９日）を基に筆者作成

①仕訳入力から仕入税額控除の計算まで業務が自動化できる
②高い真正性で改ざんの心配が少ない
③海外との取引も国内取引と同様に行うことができる
④請求業務をテレワークで行うことが可能になる

特に大きなメリットが①です。取引先と異なるシステムを利用している場合でも、請求書データが標準化されているため、標準規格に対応したシステムであれば、データの自動取込みから始まり、確認・分類作業や仕入税額控除の計算までの各プロセスを自動化できる可能性があるということです。

なお、ＪＰ ＰＩＮＴの利用につい

ては、既製の一般的な会計ソフトや販売管理システムなどを使用する場合には問題なく利用できる可能性が高いです。一方で、自社開発システムを利用する場合には、JP PINTにアクセスするためにシステムの改修や当局からの認定が必要となるため、自社開発システムを利用するお客様で対応が難しいようであれば、既製品のシステムへのリプレースをご提案してもよいでしょう。

また、既製のシステムでJP PINTにアクセスする場合、ユーザーとなるお客様自身がJP PINTを意識する必要はありませんが、前述した電子帳簿保存法への対応では注意が必要です。JP PINTを通じたやり取りも電子取引に該当しますが、デジタル庁の資料によればJP PINTの仕組みの中ではデジタルインボイスを保存するサービスはなく、各々のユーザーが保存方法を検討しなければなりません。すなわち、JP PINTの仕組み自体はあくまで標準化された電子インボイスをやり取りするためのネットワークであり、そのデータはJP PINTに接続するシステム内に保存する方法や、何らかの形で接続するシステムからデータを取り出し、別の請求書等保存システムで保存する必要があるということです。したがって、JP PINTに対応したシステムのご紹介の際には、保存方法まで意識するようにしましょう。

第3章

DX推進の超基本を学ぼう

DX

エピソード3

事務所から少し離れた店は、どうやら黒田の行きつけの場所のようで、ゆっくり話をするにはうってつけの場所だった。早々に注文を済ませ、話の続きに戻る。

黒田 国もDXの後押しをしているのがよくわかったよ。しかし何から始めたらいいのかまだわからないな。

海原 一番お問い合わせが多い悩みですよ。スタートラインに立ってからの第一歩が難しいですよね。

黒田 やみくもに取り組んでも周りが混乱するし、むしろ失敗するリスクが高そうだ。

海原 先輩、経済産業省が2020年に出した『DXレポート2』はご存じですか? そのレポートの中でも取組みを開始できていないか、一部門での着手のみの企業が95%という分析結果がでています。

黒田 なるほど。やはり初動が難しいんだな。

海原 ええ。それでは実際にどのようにDXを進めていけばよいか、その手順と、DXを促進するためのITツールなども紹介しますね。

DXの3つのステップ　重要度☆☆☆☆

第1章で、本書におけるＤＸを、「企業が、企業としての競争力向上や、日々変化するビジネス環境へ適応（対応）するためデジタル技術を活用していく取組み」と定義づけたように、ＤＸはあくまで手段であり、その実現にはひとつずつ段階を踏んでいく必要があります。この章では、企業のＤＸ化に必要となる３つのステップをご紹介します。

ステップ1　アナログ作業のデジタル化

企業のＤＸ化達成に向けて、初めに行わなければならないのは「アナログ作業のデジタル化」になります。

日々、さまざまなニーズが生まれ、それに対応すべく複雑化している現代のビジネス環境を生き抜くためには、デジタル技術の活用はもはや必要不可欠となっています。また、従来どおりのアナログ作業を変えることができなかったり、アナログ作業を残して効率化を進めてしまうと、そこで企業の生産性は頭打ちとなってしまい、目まぐるしく変化するビジネスシーンに追いつけなくなってしまいます。

そのため、まずは、日々の業務のところどころに散りばめられたアナログ作業を見つけることと、そのアナログ作業を一つひとつデジタルに置き換える（変化させる）ことを目指しましょう。

「アナログ作業」の洗い出し

しかし、アナログな作業といっても、日ごろ慣れている業務に対して客観的な判断をすることは難しく、初めてＤＸ化に取り掛かる人にはなかなか想像がしづらいでしょう。そのため、この先は「アナログ作業＝人間の手が加わる作業」と頭の中で置き換えつつ、お客様のさまざまな業務を思い浮かべながら読み進めてみてください。

よくあるアナログ作業といえば、手書きの出納帳や電卓での集計作業、届いた注文書を受領しＦＡＸで控えを返送する作業、社内システムへの単純な入力作業や紙で印刷した契約書の締結業務など、例を挙げればキリがありませんが、デジタル化に初めて取り組む人にとっては、一見、ほかの方法に変えることのできない、もしくは変える必要のない業務ばかりに思えるのではないでしょうか。しかし、このような人の手が加わる作業の変革こそ、企業のＩＴ化やＤＸ化に向けて最も重要な意味をもっています。また、ＤＸ化という目標を見失わないためにも、このアナログ作業の洗い出しは、何よりも先に行わなければならないこととといえます。

「デジタル化」のメリット

たとえば、簡単なデジタル化の例で考えてみましょう。手書きの出納帳を表計算ソフトに変えることでどのような変化が起きるでしょうか。従来電卓で計算し記入していた残高は、入出金の金額を表計算ソフトに入力するだけですぐに反映され、また、手書きからキーボード入力に変わることで、今まで消しゴムで消して書き直していた日付や金額なども、キーボードで簡単に訂正できるようになります。そのほか、出納帳のデータを社内のサーバーやクラウドサービス内に保存することで、他の従業員と共有することができますし、データとして保存されているため、出納帳の紛失リスクを防ぐことができるのです。

もう少し踏み込んだデジタル化であれば、受領した請求書の処理にはＯＣＲ機能が付いたシステムを活用してみましょう。ＯＣＲ(Optical Character Recognition：光学文字認識)の機能を活用することで、請求書に印字されている内容を自動で読み取り、取引先名や振込先など、必要な情報を瞬時に取得することができるようになります。そのため、取引先ごとや月ごとの請求書の振込金額の集計業務や、相手口座への振込業務などに役立てることができます。

パソコンを用いた入力や転記などの単純作業であれば、後述するＲＰＡツールの活用も効果的な方法となるでしょう。ＲＰＡツールにパソコン内の動きを事前に覚えさせることで、人間のかわりに自動で作業を行うようになります。指示をしたら、その作業が終わるまでひたすら反復して作業を行うため、昼夜問わず単純作業を行うことができます。また、人の手で行う業務には、誤った操作や転記ミスなども起こる可能性があり、さらなる確認作業を必要としますが、ＲＰＡツールはあらかじめ決められた作業しか行わないため、単なる業務スピードの向上だけでなく、さまざまなリスクの低減も期待できるでしょう。

このような大小さまざまなアナログ作業の洗い出しやデジタル化を行うことが、企業のＤＸ化へ向けての第一歩となるのです。

ステップ２　個別の業務プロセスのデジタル化

アナログ作業のデジタル化が完了したら、次はひとつの業務に対する一連の流れをデジタル化していきましょう。

仮に「現金出納帳の入出金を会計ソフトに入力する」という業務があったとします。手書きで出納帳を管理している場合、その出納帳を見ながらひとつずつひたすら仕訳を登録していくことになるでしょう。この業務プロセスのフローを簡単に書き起こしてみると、以下のようになります。

①経費の支払い
②受領した領収書を基に出納帳へ手書きで記帳
③記帳した出納帳を確認しながら会計ソフトに入力

アナログなままの業務プロセスに慣れている場合、ごく普通の流れに感じますが、このままでは、一向に業務が効率化できません。そのため、ステップ1で出納帳を表計算ソフトに変えた後は、そのデータを活用した一連の業務プロセスを構築していきます。

近年の会計ソフトには、標準でデータのインポート（取込み）機能が搭載されています。そのため、出納帳データが完成したら、そのまま会計ソフトに取り込んでしまいましょう。出納帳データを会計ソフトに取り込むためには、日付・金額・摘要など、仕訳として必要な情報が、表計算ソフトの適切な場所（行や列）に入力された形式になっている必要がありますが、会計ソフトによって取り込むことのできる形式は異なります。そのため、利用する会計ソフトのインポート形式を事前に確認し、対応した出納帳データを表計算ソフトで作成するようにしましょう。データが会計ソフトの取込形式に合っていれば、ものの数秒で出納帳の入出金を反映することができます。

改善後の業務フローは以下のとおりです。

①経費の支払い
②受領した領収書を基に表計算ソフトの出納帳へ入力（デジタル化）
③出納帳データを会計ソフトにインポート（デジタル化）

この場合、業務の工程はあまり変わっていないように思えるものの、実際には、③の工程は一瞬で終わってしまうため、従来と比較した際の業務時間の差は歴然です。

会計ソフトのインポート機能自体、今ではごく当たり前の話ではあるものの、意外に活用されていないシーンも多々あります。

また、生産管理システムや販売管理システムなど、最近のシステムでは会計ソフト以外にもデータのインポート（取込み）・エクスポート（出力）機能は搭載されていることが多いため、手持ちのデジタルデータとシステムを活用して業務をいかにデジタル化できるかが重要になります。そのため、活用しきれていないようなシステムがもしあるのであれば、いったん初心に帰ってマニュアルを読み直したり、普段操作しないような項目を試しに押してみたりしましょう。すると、意外にも業務のデジタル化につながる新たな発見があるかもしれません。

データ化できない場合はOCRやRPAツールで

中には、どうしてもデータ化できずにアナログ作業で対応しなければならないことも出てくるでしょう。そのときはステップ１でも触れたOCRや後述するRPAツールで対応できます。

手書きの出納帳や、紙の領収書や請求書など、そもそもデータではないものについては、OCR機能が付いたシステムを活用することで、記載されている内容をデータに変換することができます。また、もし利用している会計ソフトにインポート機能がない場合には、RPAツールを活用し出納帳データを人のかわりに入力させることで、プロセスにかかる業務負担はぐっと抑えられます。

時間をかけてマンパワーで対応することも間違いではありませんが、それではいくら時間があっても足りません。まずは業務の流れを思い浮かべて、どのような業務の構成になっているのか、またデータのまま活用できそうなフローがないのか、一つひとつ細かく検討していくとよいでしょう。

ステップ３　全体の業務プロセスの最適化

ステップ１では、個々のアナログ作業についてデジタル化を図り、ステップ２では一連の業務に対してアプローチをしていきました。

しかし、第1章で定義したように、DXとは企業としての競争力向上や、日々変化する環境に対応するためのデジタル技術の活用であるため、個々の業務のみのデジタル化だけでは正確にはまだDXとはいえません。そのため、最後のステップとして行わなければならないのは、企業全体の業務プロセスを最適化することです。

最適化の重要性

ステップ1、ステップ2でそれぞれデジタル化を行ったとしても、企業全体として最適化が図られていなければ、その効果は薄まってしまい、かえって業務の属人化やレガシーシステム化などの悪影響を及ぼす可能性があります。

そのため、単なるデジタル化だけで満足するのではなく、業務の全体像を俯瞰しながら、以下の3つを意識するようにしましょう。

①部署・部門間の連携（組織横断）

組織横断（Cross Functional）とは、企業全体の課題解決に向け、複数の部署・部門からメンバーを集めて検討、実行していくという考え方をいいます。

社内の業務をスムーズに行うため、業務内容ごとに営業や総務、経理などの部門を設けている場合がほとんどですが、基本的には縦割りの組織であるため、各部門だけでの変革では、本来の目的である企業としてのDXを達成することはできません。さらに、支店や営業所を設けている場合には、その支店や営業所での業務プロセスも相互に把握した上で適切に推進しなければならないため、メンバーの選抜にも注意が必要です。

②定期的なプロセスの見直し

●業務フローの見直し（レガシーシステム化の防止）

デジタル化した業務プロセスは、機械と同じで時とともに老朽化していきます。また、社内環境も日に日に変化するため、定期的に業務フローを見直さなければ、いつの間にかそのプロセスではかえって非効率になってしまう、いわゆるレガシーシステム化に陥ってしまいます。

そのため、ステップを踏んでデジタル化を行う際には、プロセスの構築と併せて、半年や1年ごとの見直し時期を設定したり、導入しているシステムのアップデート情報や、バージョンなどを定期的に確認したりするとよいでしょう。

●配置人員の見直し（ブラックボックス化の防止）

デジタル化することにより、作業者の業務効率は格段に向上するでしょう。しかし、第1章でも触れたように、その業務内容や進め方、システムの使い方などを特定の人しか把握できていない場合、突然の退職や病気などでの長期休暇の際に誰も対応することができずに業務がストップしてしまったり、時間が経つにつれ担当者が作業しやすいように独自に改良してしまい、担当者以外は扱えなくなってしまったりするという、いわゆるブラックボックス化に陥ります。

そのため、業務フローの見直しと同様に、定期的な人員配置の変更や、次に述べる第三者からの評価などを実施することが肝要です。

③第三者からの評価

現状の業務フローが最適化されているかどうかは、第三者からの視点で客観的に判断する必要があります。社内での見直しだけでも有効ではありますが、業務に慣れている人の目線での判断になってしまい、客観的な意見とは異なってくるおそれがあるため、まったく別の視点で判断できる第三者を選任するとよいでしょう。お客様と密接に関わり、かつ業務フローを把握しやすい、税理士というポジションはこの役には適任のため、第6章の業務改善提案の解説（179頁）を参考にしていただき、お客様へ適切なアドバイスを行えるようにしましょう。

ここからは、企業のＤＸに不可欠な主なＩＴツールについて、機能や活用イメージなどを紹介していきます。

ITツールの基礎知識　重要度☆☆☆☆

クラウドサービス

ハードウェアを購入したり、ソフトウェアをインストールしなくても利用できるサービスのことを、クラウドサービスといいます。「クラウド」というのは「ユーザーがサーバーやストレージ、ネットワークなどのインフラやソフトウェアをもたなくても、インターネットを通じて、サービスを必要なときに必要な分だけ利用するサービス」のことです。この「クラウド」の語源は諸説あり、インターネットを「雲」（cloud）に見立てて、その「雲」の向こう側にあるサービスを利用するイメージからきているともいわれますし、技術者がクラウドサービスを説明するときに「雲」を描いて説明したからともいわれています。そもそも「雲」ではなく「群衆」（crowd）と書いて、集約したシステムという意味でクラウドサービスと呼ぶようになったという説もあります。

従来、パソコン上でビジネス用のソフトなどのサービスを使いたいときは、オンプレミス型とかパッケージ型と呼ばれるような、ソフトウェアをパソコンにインストールする方法が一般的でした。

しかし、昨今はインターネット回線が高速化し、パソコンの性能が向上したことも影響し、インターネットを通じてソフトウェアを利用できるようになったため、パソコンにインストールする必要がなくなったのです。インターネットを通じて利用しているので、実際にソフトウェアが稼働し、情報が保存されているコンピューター、つまりサーバーが、目の前の現物としては存在していません。つまり目視できるところにないということですね。たとえるならば、インターネットという雲の先にあるコンピューターを地上から利用しているようなイメージです。

クラウドサービスの定義

「クラウド」とはとても広い範囲を指すもので、利用形態によって分類した用語が使用されていて、「SaaS（サースまたはサーズ）」「PaaS（パース）」「IaaS（イアース）」などが有名です。クラウドは階層構造になっており、ベンダーが提供するサービス範囲によって名称が変わります。

3つのクラウドの定義について簡単に説明します。

SaaSは、クラウドにあるソフトウェアを利用できるサービスです。アカウントをもっていれば、インターネット経由でどこからでもサービスを利用できます。

ＰａａＳは、アプリケーションエンジニアが利用する機会が多いサービスです。アプリケーションと開発環境が提供されるので、一からアプリケーションを構築しなくても容易に自社アプリケーションの開発が可能となります。

ＩａａＳは、サーバーなどのハードウェアやインフラを必要なときに必要な分だけ利用ができるサービスです。メリットは、ＩＴ部門などが自社でサーバーなどを購入、構築、運用する必要がなくなること、経年劣化によるハードウェアの交換を自社で行う必要がなくなり、メンテナンスをクラウド事業者に委ねられることです。

クラウドサービス導入判断のポイント

クラウドサービスを導入すると、次のようなメリットがあります。

①納期が短縮できる

ソフトウェア導入までの日程を大幅に短縮できます。

②場所を問わず利用できる

インターネット環境が整っていればどこからでもアクセスが可能です。

③定額利用ができる

利用するサービスによっては、ユーザーはすべての機能にアクセスすることができ、ソフトウェアを一つひとつオプション購入しなくても、契約期間中ならサービスをいくらでも利用できます。

一方、デメリットとしては、ユーザーに合わせたカスタマイズができません。また、ベンダー都合でメンテナンス時間が設けられることもあり、その間は利用ができません。

メリット・デメリットを理解して、ソフトの購入よりもクラウドサービスの利用の方が適していそうな業務があればクラウドサービスに切り替え、業務効率化に役立てましょう。

RPAツール

RPAとは、Robotic Process Automationの略で、人がパソコン上で行う定型的な作業を、ロボットを利用して自動化することをいいます。データの入力や画面の切り替え、ファイルの複製といったパソコン上で行う単純作業の定型業務を自動化してくれるので、業務改善や働き方改革につながるテクノロジーとして注目を集めています。

RPAツールに注目が集まっている最大の理由は、国内の労働力が不足していることです。加えて、平成31年4月1日から働き方改革関連法が段階的に施行され、働き方改革への取組みが活発化しています。従業員に限られた時間でいかに効率的に働いてもらうかが

【図表】RPAのクラス

クラス	主な業務範囲	具体的な作業範囲や利用技術
クラス1 RPA（Robotic Process Automation）	定型業務の自動化	●情報取得や入力作業、検証作業などの定型的な作業
クラス2 EPA(Enhanced Process Automation)	一部非定型業務の自動化	●RPAとAIの技術を用いることにより非定型作業の自動化 ●自然言語解析、画像解析、音声解析、マシーンラーニングの技術の搭載 ●非構造化データの読み取りや、知識ベースの活用も可能
クラス3 CA（Cognitive Automation）	高度な自律化	●プロセスの分析や改善、意思決定までを自ら自動化するとともに、意思決定 ●ディープラーニングや自然言語処理

出典：総務省ウェブサイト「RPA（働き方改革：業務自動化による生産性向上）」（https://www.soumu.go.jp/menu_news/s-news/02tsushin02_04000043.html）

企業にとって重要な課題となっており、業務を自動化してロボットで代替すれば、少ない労働力でも生産性を上げることが可能となります。

総務省の報告によれば、ＲＰＡには３段階の自動化レベルがあるとされています（上の図表参照）。現在のＲＰＡの多くは「クラス１」というレベルで定型業務に対応しています。「クラス３」になると認識技術や自然言語解析技術、学習機能などにより、対話をすることで曖昧な情報や不足している情報を補いながら作業するハイレベルな自律化が可能とされています。

RPAツールのできること

RPAツールは、AIと勘違いされることがありますが、両者には大きな違いがあります。AI（Artificial Intelligence）は直訳すると人工知能であり、学習することで分析や判断ができるようになります。一方RPAツールは、あらかじめルールや手順を設定することにより、決められたタイミングやスケジュールで業務を実行することができます。

RPAツールを活用した例としては、次のようなものがあります。

- 表計算ソフトで入力した内容を会計ソフトの仕訳入力画面に転記
- 見積書などの定型書類の作成
- 経費や交通費などの精算処理
- ウェブサイトからの情報収集
- 異なるソフト間のデータ取得

RPAツールが得意とするのは、単純作業のルーティン業務です。同じ作業を繰り返し行うルーティン業務であれば、ロボットに業務手順を覚えさせやすいため、自動化にも適しています。また人が膨大な量の単純作業を行うと、打ち間違いや見間違いによる作業ミスが必ず発生します。ダブルチェックやトリプルチェックを導入するとそれだけ人員を割いてしまい非効率的ですが、RPAツールは決められた作業をミスなく行い24時間365

日稼働することができます。また、作業スピードも一律で衰えることがないのでスケジュール管理も容易となります。

単純作業はRPAツールに任せることにより、人である従業員は、より生産性が高く難易度の高い業務に集中して取り組むことができます。

RPAツールの苦手なこと

業務の効率化に欠かせないRPAツールですが、次のような業務はできません。

- 作業手順が定まっておらずルールが変わる業務
- 状況判断や分析処理
- 手書きの文字や画像の認識
- 画面のデザインやレイアウトが変わってしまうウェブサイトからのデータ収集

つまり、フローがあらかじめ決められていなかったり、ルールがない状態では正確な作業を行うことができません。RPAツールの得意なことと苦手なことを把握することにより、業務の適材適所に導入が可能となります。

なお、RPAツールは開発が比較的容易なため、社内で知らぬ間に導入され、会社として実態の把握ができなくなっているケースがあります。いわゆる「野良ロボット」問題です。管理者が不在のＲＰＡツールが使われずに放置されてメンテナンスもできずに処理がブラックボックス化したり、中途半端に動作して正しいデータを上書きしたりして、業務効率化どころか悪影響を及ぼす可能性があります。そのようなことが発生しないよう管理部門を設置し、業務部門と連携してＲＰＡツールを活用できる業務をうまく選択して、業務効率化につなげていきましょう。

グループウェア

企業内部のコミュニケーションを活性化し、情報共有や業務の効率化を図るためのツールをグループウェアといいます。グループウェアには複数の機能を備えているものが多く、たとえば、スケジュールを共有したり、掲示板のように社内の連絡事項の共有に利用したり、マニュアルなどの情報を公開する場所として利用できます。企業の多くは本部以外に複数の拠点がある場合があり、別の拠点で働く従業員とのつながりをよりシームレスにすることができるグループウェアは有用です。特にコロナ禍においてはテレワークが推奨され、多くの企業が在宅勤務を可能にする環境を整える必要がありましたので、導入した、または導入を検討した企業は多かったことでしょう。

グループウェアの主な機能

グループウェアにはさまざまな機能があります。主な機能についてみていきましょう。

●情報の共有機能（掲示板、ファイル共有）

全従業員共通で確認が必要な情報はメールでも回覧可能ですが、見落としたり、エラーで届かなかったりする場合があります。掲示板のように、いつでも好きなタイミングで確認ができるように情報を公開しておくことで、社内の情報の浸透度が高くなります。また、ファイルの共有機能を使えば、動画などを共有して文書ではわかりづらい情報も効率よく伝達できます。

●チャット機能（コミュニケーションツール）

昨今では個人同士のやり取りにメールよりもチャットを利用する頻度がかなり高くなってきています。チャットの方がメールよりスピーディかつ気軽に連絡をとれるため、従業員同士のやり取りに活用できます。中には企業間取引にも利用する場合がありますが、それについては「コミュニケーションツール」の項（72頁）で詳しく説明します。

●スケジュール管理機能（カレンダー機能）

企業が大きくなると、部門や支店をまたいで同じ業務に携わることが多くなってきます。複数メンバーのスケジュールを確認するために、メールや電話連絡をしていると時間も手間もかかりますが、従業員のスケジュールがグループウェアで一元管理されていれば、メンバー同士のスケジュール調整が容易になります。

●プロジェクト管理機能

同じ業務に携わっているメンバー同士の業務の進捗管理などに利用できる機能です。スケジュール管理とリンクすることで、いつ・誰が・どのような動きをしているか把握できます。ガントチャートなどが作成できるため、タスクの可視化も可能です。日報を作成できるものもありますので、上長への業務報告も可能です。

●ワークフロー機能

業務を遂行する上で、稟議書や経費精算など、上長の承認が必要な場合がありますが、その際に利用するのがワークフロー機能です。紙での処理が不要になるため、外出先でも承認できるなどのメリットがあります。

グループウェア活用のポイント

グループウェアの導入にあたっては、活用するためのポイントを押さえた上で検討を進めるとよいでしょう。まず、当然のことですが利用するにあたり費用がかかるというデメリットがあります。また、機能がたくさんあるため、活用を促す教育やサポート体制が充実していなければ、うまく活用されないおそれもあります。導入時のお客様のリソースが十分か、実際に活用する従業員の理解を得られているか確認する必要があります。

導入する際の主なポイントは、以下の3点です。

①導入の目的を明確にすること

先に挙げたデメリットと関連しますが、費用対効果を上げる、すなわち社内への定着率を上げるために、導入の目的を明確に設定するようアドバイスしましょう。

②既存のシステムや業務フローとの相性を考えること

「相性を考える」とは、たとえばすでに導入しているシステムとの連携が可能かどうか、置換えが可能かどうかなどを考えるということです。導入によって業務フローが増えるようであれば、既存システムを見直すか、導入を見送ることも選択肢のひとつとなります。

③誰でも利用可能であること

社内定着率を上げるためには必須のポイントとなります。

そのほかにも、費用の面でクラウド型かオンプレミス型かを検討すること、従業員がスマートフォンやタブレットを利用可能な環境であれば、アプリ対応であることを確認することなども必要です。

目的や費用によって比較できるウェブサイトも多く展開されているので、お客様の要望をよくヒアリングして、目的にあったグループウェアを紹介するとよいでしょう。

コミュニケーションツール

コミュニケーションツールとは、読んで字のごとく、円滑なコミュニケーションをとるためのツールです。さまざま展開されていますが、主にイメージされるのはチャット機能（複数の利用者がリアルタイムにメッセージを送受信する機能）です。メールと同じように情報伝達のツールに含まれますが、よりスピーディで、挨拶文を入れなくてもよいなど気軽に使えるという点が違います。

前出のグループウェアや社内ＳＮＳなどもコミュニケーションツールの中に数えられることがありますが、ここではコミュニケーションに特化したツール、かつ社内だけではなく企業間でも利用できるチャットツールを紹介したいと思います。

チャットツールの主な機能

個人間での利用のイメージが強いチャットツールですが、企業間での利用も格段に増えてきています。その理由は、スピーディかつ気軽に使えるといった特徴はそのままに、セキュリティがしっかりしていて権限設定ができるなど、規模の大きな企業でも導入可能なツールが出てきたことによるところが大きいです。
ここでは企業間取引で利用が可能なチャットツールの主な機能をみていきましょう。

●チャット機能

チャットツールのメイン機能です。個人同士のやり取りはもちろん、複数名でタイムリーに会話できるグループチャット機能などがあります。宛名を選択する手間がなく、メールのように定型の挨拶を入れる必要がないため気軽に利用できます。会話の中にファイルを添付することもできるので情報を簡単に共有できます。

●通話、オンライン会議機能

通常、チャットだと主に文字のやり取りになりますが、文字で伝えることが難しい事象について話したい場合は通話機能、特に複数名でのオンライン会議の機能を使って言葉での伝達をする方法もあります。こちらもコミュニケーションツールの主軸となっています。チャット機能で資料を共有しながら説明することができるので、メンバー同士の情報の理解度を上げることができます。

チャットツールを導入するかどうかを決めるためには、①従業員がうまく使えるかどうか、②対面でのコミュニケーション頻度の低下が招く社内環境の変化に支障はないかを考える必要があります。社内のリテラシーに不安がある企業、たとえば電話をメインのコミュニケーション手段として利用していてパソコンの使い方に慣れていない従業員が多い企業、コミュニケーションのとり方が変わると業務フローがうまく回らない可能性のある企業にとっては、チャットツールの導入は向かない可能性があります。お客様の社内の状況はしっかり把握した上で導入に関するアドバイスをしましょう。

チャットツールの選定基準

企業で利用する際に特に重要な選定基準は、何といってもセキュリティです。チャットツールの中ではさまざまな情報がやり取りされます。社内だけではなく、社外の担当者とのやり取りに利用することもありますので、アクセス制限など、そのツールのセキュリティ対策をしっかりと確認するように促しましょう。

また、社内での稼働率を上げるため、なるべく簡単に使えて、サポートも手厚いサービスを選定するのがよいでしょう。

チャットツールは取引先から招待されて利用を開始する場合も多いため、今後自社で導入を検討するお客様もますます増えてくることと思います。

自社で利用しているツールから知っていこう

本テーマで紹介したクラウドサービスやＲＰＡツール、グループウェアなどのＩＴツールのうち皆さんも実際に利用しているものがいくつかはあると思いますが、実は最低限の機能しか知らないということはありませんか？　実際に利用しているものがあれば、サービス内容やその特徴を押さえておくと、実際の使用感もともに伝えることができるため、お客様にも提案しやすいと思います。まずは身近なツールから調べてみるのがおすすめです。

第4章

DX推進の提案をしよう　業務別編

DX

エピソード 4

海原　ところで先輩に質問です。お客様からの相談内容はどんなものが多いですか？

黒田　そうだな、たとえば月次決算が遅いとか、予算を立てようにも資料がなかなか出てこないんだが何とかできないか、みたいなことかな。

海原　なるほど。その原因はおそらくバックオフィス業務の遅延ですね。給与計算や請求書の処理に手間がかかるとか、中には「長く勤めていた従業員が辞めてしまって、業務自体が立ち行かなくなってしまった」なんていうこともあるんじゃないでしょうか。

黒田　確かに。特に紙で情報管理をしている会社では、手作業が多いし資料作成も煩雑で時間がかかるんだよな。社長も業務自体はよくわかっていないことが多いと思う。

海原　そうなんです。実際の課題は、請求業務、支払い・精算業務、勤怠管理や給与計算など、どの企業にも存在するバックオフィス業務についてのものが多いんです。しかもバックオフィス業務は特に属人化しやすく、担当者が退職したり、長期休暇を余儀なくされたりすると業務自体が止まってしまうおそれもあります。業務改善やりスク回避のためにもＤＸ推進は有効な手段となります。ということで、具体的な業務別のＤＸ推進について説明していきましょうか。

経理

重要度☆☆☆☆☆

こんな相談、よくあります

- 業務フローのどこに着目してDXを進めればよいかわからない
- 自社に最適な会計ソフトの要件がわからない
- 取引先の協力が難しく、思うようにデジタル化を進められずにいる

請求

企業が商品やサービスを販売した場合で、企業間取引や対面での決済ができない場合の

多くは、買い手から報酬代金を受け取る手段として、請求書を発行するのが一般的です。請求業務は企業のキャッシュフローに直結する大切な業務です。経営者の多くは、毎月のキャッシュフローを早々に確認したいと思う一方で、情報が確定するまでのリソースをあまり把握していないのも事実です。情報の早期確定を求める経営者に対しては、まずは自社の請求業務フローの課題を理解してもらうこと、そして請求業務のＤＸ化、つまり請求に関わる情報をデジタル化し、少ないリソースで会計ソフトへ反映できるような業務構築を進めることが必要です。そうして早期に確定した情報を把握することによって、経営者がより早い意思決定をできるようにすることこそが、税理士の進める請求業務のＤＸといえるでしょう。請求業務のＤＸを推進するために、一般的な請求業務のフローと現状の課題を把握し、提案のポイントを押さえましょう。

請求業務のフロー

企業は取引先へ見積書を提出した後、契約を締結し、商品やサービスの納品が完了したら請求書を発行します。一般的にはまず請求書を作成し、承認を経て印刷、社印の押印後に封入して郵送します。その後、期日までに入金されたかを確認して、未入金の場合は督促作業を行うことになります。

請求業務の課題とIT化のポイント

では、一般的な請求業務フローの各工程での課題と、IT化のポイントについてみていきましょう。

①管理する情報の種類が多い

見積り・契約・納品の状況や、取引先の締め日や支払方法、入金の有無など、請求業務にあたっては管理しておくべき情報が多々あります。これらがきちんと管理されていないと、誤った請求書を発行することになり、企業としての信頼性が問われることになります。また、入金の情報、特に未入金や督促状況の管理を怠ると貸倒れのリスクにもつながります。

②請求書の発行作業・保存が煩雑

紙で発行した請求書は、捺印作業、封入、郵送作業など、手作業が多く発生します。また、請求書は、発行側であっても、その事業年度の確定申告書の提出期限の翌日から7年間保存する義務があるため、控えをファイリングするなどの手作業と、保存場所の確保が必要です。

③会計ソフトへの情報連動が必要

請求書の発行業務と会計ソフトが連動していないと、転記を行う手間がかかり、入力ミスを誘発します。税理士が入力代行している場合もあり、社内外を問わずリソースが割かれる部分です。

このように、キャッシュフロー確定までの請求業務には、適切に管理し作業しなければいけない事項が多く存在します。当然、企業が成長するにつれて、管理量や作業量は多くなり、より多くのリソースが割かれることになります。保存についていえば、請求書だけではなく、見積書や契約書なども保存対象になりますので、対象となる文書は膨大な枚数になります。経理部門だけではなく、営業部門などでも請求業務を行っていると、情報管理責任の所在が曖昧になり、請求書発行のタイミングで横領発生などのリスクが生じます。

請求業務の負担を減らし、少ない人数でも経理部門だけで業務を回すためにも、ミスや不正などのリスクを抑えるためにも、請求業務の迅速なＩＴ化が推奨されます。ヒューマンエラーやリスクをなくすことで、企業の情報を守るだけでなく、税理士との情報のやり取りをも円滑にすることができます。

請求業務のＤＸが進まない理由

ＤＸ推進に必要なＩＴ化を進められない理由として、お客様の請求業務担当者から多く挙げられる理由が下記の３点です。

①電子データの請求書の受領を、取引先に依頼しにくい
②属人化によって何となく業務を回せているので、ＩＴ化の必要性を感じていない
③どんなシステムを利用すべきか、または自社の業務フローに合うシステムかわからない

現場レベルだと、現状の業務フローで十分と思っている担当者、変更に不安を感じる担当者が多いようです。

なお、昨今のＩＴ人材不足もそうですが、企業のトップである経営者が、請求業務などのバックオフィス業務へコストをかけることに懸念を抱く場合もあり、それが請求業務のＩＴ化、果ては企業全体のＤＸが進まない一番の理由になっていたりします。

請求業務のＤＸ推進の提案のポイント

①現行の業務を洗い出し、無駄な作業を削るようアドバイスする

まず行うことは、業務の洗い出しから始め、省ける業務があることを経営者に把握してもらうことです。請求業務は、その管理情報の多さから、二重入力作業の手間が隠れたボトルネックになっていることが多いですが、経営者はそれに気づいていないことがほとんどです。請求業務担当者にヒアリングを重ねることで無駄な作業を見極め、業務自体が削減できるようなアドバイスをすることが先決です。

②一部業務の省力化を提案する

業務の洗い出しが済んだら、次はＩＴ化の検討です。業務を、今度はシステムに置き換えられるかどうかで分別し、置き換えが可能なものから徐々にＩＴ化していくよう提案しましょう。たとえばインターネットバンキングの利用により、通帳記帳をせずとも入金状況が画面上で確認でき、データで取得することで、入金確認の省力化につながります。徐々に変更を進めることは、業務変更に少なからず不安を抱く担当者への配慮と、変更による成果をより早く実感するために必要です。企業の良きアドバイザーとして、税理士が「焦らずゆっくり」というアドバイスをすることも大切です。

③多機能または連携が可能なシステムを提案する

ＩＴ化の提案の際には、各工程の情報を連携できるシステムの導入を検討しましょう。各工程の作業を重視し、個別でシステムを導入すると、情報がうまく連携できず、煩雑な管理体制は残ったままになってしまいます。電子請求書の発行機能だけではなく、取引先の管理機能、入金管理・督促機能、会計ソフトとの連携、承認フロー機能、請求書の郵送代行機能など、請求業務において必要な情報の一括管理や、作業代行機能を有するシステムを検討するのもよいでしょう。業務フローの洗い出しから、必要な機能を把握して最適なシステムを提案しましょう。

支払

企業間取引においては、商品やサービスを購入した場合や商品やサービスを仕入れた場合の多くは、納品後に請求書を受領し、請求書の内容に基づき支払いをするのが一般的です。最近では支払いのための請求書の受取方法も、従来の紙だけではなく、電子メールへの添付、ウェブサイトからのダウンロードなどと多様化しており、管理が煩雑になっています。また第2章の「電子取引データ保存制度」の項（31頁）でも記したように、電子データで受領した対象の証憑については、令和3年度税制改正により令和6年1月から電子データでの保存が義務化されるため、経理担当者の業務のプロセスが増えることが想定されます。税理士としては、税制改正のポイントも押さえた上で、一般的な支払業務のフローと現状の課題を把握し、提案のポイントを押さえましょう。

支払業務のフロー

支払業務は、取引先から送付された請求書の受領から始まります。各担当者にて請求書を受領した後、請求書の内容を確認した上で、経理担当者に請求書が回ってきます。経理担当者は対象の請求金額を期日までに振り込み、振込作業が完了後、会計ソフトに出金したことを仕訳登録することとなります。なお、一般的には、企業としてお金を支払う場合、事前に企業内で決裁を得ている必要があります。

支払業務の課題とIT化のポイント

では、一般的な支払業務フローの各工程での課題と、IT化のポイントについてみていきましょう。

①関係部署が多い

支払いの請求書を受領するのは経理担当者だけではなく、営業部門などの関係部署であることも多いです。支払漏れは企業としての信頼性を損なうこととなります。受領した請求書を漏れなくきちんと経理担当者に回し、支払いをするためには、支払業務フローを確実に運用する必要があります。

②受領方法の多様化

これまでは紙で請求書を受領することがほとんどでしたが、IT化が進んでいる昨今では、受領方法も多様化しています。電子化された請求書に関しては、メール通知での発行案内がほとんどのため、他のメールに埋もれて出力せず、支払漏れにつながるケースも多いのではないでしょうか。

③業務フロー・管理の変更検討

現状の運用では電子取引データ保存の義務化への対応が難しい場合は、支払請求書の業務フローや管理方法の変更を余儀なくされます。

支払業務のＤＸが進まない理由

支払業務のＤＸが進まない最大の理由は、そもそもＤＸ化できる業務であるという認識がないことです。発行元の企業により請求書のフォーマットが異なるため、人が目視で内容を確認した上で支払いを行う必要があり、ＤＸ化することが難しいと考えられています。具体的には、請求書の用紙サイズが異なることや、合計金額や振込口座等の明細の記載位置が異なることが挙げられます。それをシステムで補える発想がなかなか生まれませんし、これまではＤＸ化することが難しかったのも事実です。

支払業務のＤＸ推進の提案のポイント

ひと昔前は、ＯＣＲで請求書を読み込もうとすると文字化け等により、ほとんどデータ化できないのが当たり前でした。しかし、昨今はフォーマットが違う請求書でもＡＩ ＯＣＲ（学習機能があるＯＣＲ）が搭載されたシステムを活用することで、取引先、取引金額、支払期限等の必要な情報をデータ化できるようになっています。ＡＩ ＯＣＲを活用したシステムを使うことで、これまで人に依存していた作業をＩＴ化でき、「人がやらないといけない」と当たり前に考えられていたことが、時代とともに徐々に変わってきています。

①業務フローの見直しの提案をする

支払業務のＤＸを進めるためには、業務フローの見直しが必要となります。紙、電子データと受領方法を問わず、紙の請求書を経理部に提出し支払いをしているケースがほとんどかと思います。令和６年１月以降、電子データで届いたものは電子データでの保存が義務化されます。法制度への対応が必要なことを鑑みると業務フローの見直しは必須となります。業務フローの見直しの提案は、以下のステップで進めましょう。

⑴　各部署で電子データでの受領の割合と受領方法をヒアリング
⑵　電子データでの受領を、担当者がするか経理部で一元受領にするか確認
⑶　紙受領の請求書の運用方法を検討
⑷　電子データ・紙それぞれの業務フローを作成

②支払業務はＤＸ化できることをしっかり伝える

前段で申しあげたとおり、支払業務はＤＸ化できます。請求書をデータ化するだけでは

なく、請求書から支払データを作成し、インターネットバンキングに連携させることも可能です。もちろん会計ソフトへ連携することも可能です。

システム選定のポイントは、①電子取引の電子データ保存に対応しているシステムであること、②人の手で補完しない場合のデータの精度、③他システムとの連携性、④お客様の業務フローに則した運用が可能であることです。お客様のリソースに合わせて、必要な機能やサービスを揃えた最適なシステムを提案しましょう。

会計

会計とは、会社のお金の流れや出入りを帳簿に記録して処理することをいいます。また、会計は「管理会計」と「財務会計」の二つに分けられます。誰に向けた報告なのかによって分類されます。

管理会計と財務会計

管理会計は、社内向けの管理を目的とした会計です。各事業の業績をさまざまな数値を活用して分析することにより、経営判断に必要な情報を提供し経営戦略に活用されます。

一方、財務会計は自社の業績を株主や金融機関などの社外の利害関係者に対して報告することを目的とした会計です。財務状況を報告する書類である財務諸表は、日々の会計処理を積み重ねて作成することができます。

会計処理の基本的な業務フロー

日々発生するお金の流れに対する請求業務や支払業務などを行い、月次の決算書の作成を行うのが会計処理の大まかな流れです。月次決算を行うメリットは、毎月の営業成績や財政状態を把握できることと、月次できちんと処理をしておけば、年次で行う決算処理の業務負担を大きく減らせることです。

DX化への課題

会計業務では請求書や領収書など紙を取り扱う機会が多く、紙文化が根強く残っている部門といえます。その特徴が顕著に表れたのがコロナ禍によるテレワークの実施時です。請求書の発行・受取業務や経費の支払業務のための出社や、銀行対応や報告書の作成など手作業で行う業務が多く、さまざまなシステムや場所に分散して保管されている「決算に必要なデータ」を集める作業のための出社が求められました。

このように非効率な体制で運営している経理部門は、日常業務をこなすだけで手いっぱいとなり、決算業務を中心とした体制で管理会計を実施できず、経営判断の遅れや経営戦略のずれが発生し、悪循環に陥ります。

会計業務のＤＸ推進の提案のポイント

このような状況を打開するためには、次のような手順で会計業務のＤＸに着手してみましょう。

①会計ソフトのクラウド化

インターネット環境が整っていればどこからでもアクセスが可能になります。アカウントを追加することにより同時にアクセスして作業する担当者を増やすことができます。オンプレミス型の会計ソフトでは、税理士がデータを確認している間、お客様は月次入力を止める必要がありましたが、クラウド型の会計ソフトでは会計事務所とリアルタイムにデータ共有ができるため、お客様は待ち時間は一切不要で並行して業務処理を進めることが可能となります。クラウド上にデータがあることで、オンライン会議などでは、お客様と税理士双方で同じ画面を見ることができるので、資料の事前準備の必要もありません。

②証憑書類の電子化

請求業務や支払業務のＤＸ化により、仕訳を入力する作業はシステムに任せて、担当者はデータのチェックのみに集中でき、空いた時間を別の業務に費やせます。前出の「請求」「支払」を参照してください。

③データ連携による省力化

チェックした仕訳データをそのまま会計ソフトに取り込むことにより、手入力の工数が大幅に削減できます。請求業務や支払業務で会計ソフトと自動連携するシステムを利用する場合、証憑画像データも連携して呼び出して、仕訳データと同時に確認することができます。まず、スキャナで紙の証憑を電子化して取り込み、その後自動で仕訳をしてくれるソフトを利用して作成された仕訳データを確認・修正した後は、CSVデータにして会計ソフトに取り込むだけで仕訳入力が完了します。繰り返し使うことで自動仕訳の精度が向上します。また、バンキングデータとも連携させることで入出金明細を会計ソフトから確認し、自動仕訳、残高確認も可能です。担当者の会計ソフトの入力スピードに左右されることもなく、担当者が代わっても同じ品質を担保することが可能となります。支払業務における請求書処理枚数は企業によって異なりますが、かなりの枚数になる場合は仕入先と共通の請求書授受システムの利用検討を提案しましょう。

まずは会計ソフトをクラウド化するとともに、「人が手入力して」「人の目でチェックする」従来の業務スタイルを変えるところからのスタートを、お客様に提案してみてはいかがでしょうか。

出張管理

企業の業務、特に営業部門の業務には出張を伴うものも少なくありません。人によっては海外出張など経費が非常に高額になる場合もあるため、社内規程が複雑になる傾向があり、その出張申請が適正なものなのかどうかの判断も難しくなります。

出張規程の煩雑さがもたらす問題

出張費用の内訳は主に交通費、宿泊費などがありますが、海外出張になると予防接種やその他費用が発生する場合があり、出張規程は複雑になる傾向が多いです。上長とはいえ、出張規程をすべて把握している方は少なく、チェックが行き届いていない状況下では不正が発生することもしばしばあるといいます。たとえば、規定額以上の宿泊費がかかるホテルの利用や、架空の出張の申請などです。そのような事態を回避するため、バックオフィス業務担当者が最終チェックをしたり、外部の旅行代理店などがチェックをしているパターンもありますが、それでもなお、不正が発生していることも事実です。根本的解決として出張規程の厳格化を望む声もありますが、それよりも簡素化を望む声が圧倒的に多いという相談を受けます。ここでは出張管理のＤＸ化で、不正申告を抑制し生産性を向上させる方法として出張管理ツールの活用を検討しましょう。

出張管理ツール提案のポイント

出張管理ツールの主な機能は次頁の図表のとおりです。

①～③によって、まず担当者の旅費立替えという負担をなくすことができます。立替えがなくなることで、担当者への精算も不要になります。また、複数の旅行代理店やオンラインブッキングツールなどを利用しなくてよくなるため、支払先も一つに絞ることができます。

④、⑤は特に申請者の出張規程の認知度のバラつきを補います。ツール内に自社の出張規程の内容、たとえば宿泊費用の上限金額や申請不可の経費項目などを登録しておくことで、規程に合致しない内容の場合は申請時にエラーが出るなどの規制をかけることができるので、管理上のコストを下げることができます。また、グループウェアのカレンダーとの連携機能などがついたシステムであれば、日帰り出張が可能かどうか、また架空の出張が申請されていないか確認ができますので、不正の防止につながります。

出張にかかる費用は、担当者別、部署別、部門別など、企業のルールに従って経費按分

【図表】出張管理ツールの概要

機　能	詳　細	解決できる問題
①乗換案内などと連携した一括検索	●切符・航空券・ホテル予約など、乗換案内を利用するのと同じように検索することでまとめて予約が可能 ●ひと月分の精算が一括でできる	●担当者の立替負担を削減 ●担当者への精算が不要に ●複数の代理店への精算が不要に
②ホテルのオンラインブッキング		
③旅費の後日一括精算		
④出張規程を反映した申請フロー	●事前に出張規程を登録することで規程に違反する申請の制御ができる	●申請承認後の担当者再手配が不要に ●出張規程の認知度に左右されない
⑤出張の状況、経費のデータ管理	●出張状況を一元管理できる	●旅費規程順守状況を把握できる ●不正の防止
⑥会計ソフトとの連携	●会計ソフトの様式に沿ったCSVデータをダウンロードすることで手元加工不要で会計に反映できる	●煩雑な経費按分の手間が省ける

には煩雑な作業を要していることが多いです。⑥のように、会計ソフトにそのまま反映できるデータを出力できる機能もあります。経費按分の手間を省くために、お客様が利用している会計ソフトとどのように連携するかもきちんと確認するようにアドバイスしましょう。

経費精算

経費精算とは、従業員が業務上で必要な経費を立て替えた場合に、その立替分を会社が従業員に支払うことです。具体的には、①交通費精算（移動で使用した電車の運賃やタクシー費用）、②旅費交通費（宿泊を伴う出張をした際の宿泊費と交通費）、③小口精算（備品購入をした際の立替払い）などがあります。従業員が申請する際に添付する証憑が紙のため、アナログな方法（手渡し）で申請や処理を行っている企業が多いのが実態です。経費精算がアナログ処理である限り、出社が大前提となります。つまり、経費精算のDXを推進するとテレワークによる働き方改革も実現可能となります。

では、アナログ処理をしている場合の一般的な経費精算の業務フローと経費精算システムの提案のポイントをみていきましょう。

経費精算の業務フロー

まず、経費精算の業務フローについて、具体例でみていきましょう。

（例）従業員が手土産を買い、電車で取引先に訪問した際にかかった経費を精算する

①従業員が手土産を買う

従業員が手土産を買った際に会社名で領収書を発行してもらい、保管します。

②従業員が取引先まで電車で移動する

ＩＣカードを使い、電車で取引先に移動します。

③従業員が①、②の経費を精算する

従業員は、会社の指定する申請方法で会社に経費の申請をします。申請する際は、手土産を持参した取引先名と領収書の原本、交通費は通勤定期区間を除いた区間でかかった運賃と取引先名を上長に申請し、決裁を得てから経理担当者に申請をします。

④経理担当者が支払処理を行う

経理担当者が申請内容を確認した上で、会社が指定する日に従業員へ経費を支払います。精算の際に預かった証憑は、最低７年間原本を保管する必要があります。

経費精算業務の課題

手書きで記載した申請書は、人により筆跡が違うため確認に時間がかかります。また定期区間の控除や運賃が合っているかは経理担当者があらためて確認する必要があるため、膨大な時間がかかります。また上長の承認を得るにも、上長が多忙で申請書に目を通せず、決裁を得るまでに時間を要することがあります。

経費精算システムの導入メリット

経費精算システムの導入メリットは、従業員（申請者側）・経理担当者（管理側）それぞれにあります。

①申請者側のメリット

●申請作業の時間削減

たとえば交通費精算の場合、経費精算システムに搭載されている乗換案内機能で運賃を算出できるため、申請者が調べる手間がなくなります。また事前に通勤定期区間の設定をしておけば、定期区間を除いた運賃が算出されるためとても便利です。

●入力業務の削減

ＡＩ ＯＣＲ機能が搭載されている経費精算システムを導入すれば、スマートフォン等で撮影した領収書を簡単にデータ化することが可能なため、伝票の起票や、紙に糊で領収書を貼り付け手で記入する作業、システムにデータを入力する作業が削減されます。

●申請ステータスの「見える化」

アナログ管理の場合、申請がどこまで進んでいるかわかりません。経費精算システムを導入することで申請ステータスが見える化されるため、申請後、承認者で決裁が止まっている場合、アラートを出しやすくなります。

②管理側のメリット

●確認作業の時間削減

アナログ管理の場合、申請者が提出した内容について管理側で金額の間違いがないかなどの確認作業が必要でしたが、経費精算システムの導入により、たとえば交通費精算の場合、システム上の乗換案内機能で運賃が自動計算されるため、そうした確認作業が不要となります。また不備があった際のやり取りもシステム上でできるため、申請者の都合に合わせて確認作業をする必要がなくなり、作業時間の削減が実現されます。

●振込データの作成

申請者が申請した伝票内容に基づきデータの確定を行うことができ、確定したデータで振込データを自動作成し、インターネットバンキングに取り込むことが可能となります。振込データ作成の時間も削減可能となります。

●会計ソフトとの連携

振込データだけでなく、会計ソフトに連携させるデータの作成も可能です。会計ソフトにあらためてデータを入力する必要がなくなります。

このように経費精算システムを導入することで申請者側、管理側の双方に多くのメリットがあります。

経費精算システムの提案のポイント

現在、世の中にはたくさんの経費精算システムがあります。基本的には備えている機能には大差がありません。そのため、お客様にどの経費精算システムを提案してよいかわからないという方が多いかと思います。簡単に経費精算システムの提案のポイントを記載します。

●コスト面

経費精算システムひとつとっても、販売している会社により料金体系が異なります。従量課金タイプ、定額制タイプ等があります。また、欲しい機能がA社ではオプション対応だがB社では基本料金内のように、料金体系が異なるという場合があります。お客様の予算感を把握し、お客様のニーズに合った料金のシステムを選定しましょう。

●シリーズの連携面

経費精算システムだけを販売している会社もあれば、経費精算システム以外の他のバックオフィス業務のシステムをシリーズとして展開している会社もあります。他のバックオフィス業務との連携性も考慮するかしないかは、お客様のニーズにより異なります。お客様の要望を把握し、提案を進めましょう。

総務

重要度☆☆☆

こんな相談、よくあります

- テレワーク・在宅勤務をしたいけれども、出社しないとできない仕事が多い
- 事務作業が多く属人化しているため、DX化できるかわからない
- 昔ながらの習慣で、「人」でないと対応ができないと思っている

総務業務の課題

会社を経営する上で、会社の事務・管理業務を一手に担っているのが「総務部門」です。総務の役割としては、従業員が仕事を円滑に進行するためのサポートを主軸に、福利厚生、受付、物品管理など業務範囲が幅広く、柔軟に対応する必要があるため「属人化」している業務が多く存在します。そのため、総務業務はDX推進をしにくい印象をおもちの方が多いのではないでしょうか。しかし、システムに合わせた業務フローに見直すことで

DXを推進することが可能となります。総務業務でDX化ができる業務をいくつかピックアップしてみていきましょう。

電話対応

「固定電話のために会社に人がいなければならないから、テレワーク・在宅勤務ができない」という声をよく耳にします。テレワーク・在宅勤務をする上での第一の難関になるのは、固定電話です。会社にとって電話は売上や顧客満足度につながる重要なツールのひとつであり、なくてはならないものです。そのため固定電話を廃止するという結論にはなりにくいでしょう。そこで電話対応業務のDX化にたどり着きます。業務自体をデジタル化するための手段はいくつかあります。具体的には、①転送電話サービスを利用し、自動転送する方法、②クラウドPBX（構内電話交換機をクラウド化し、インターネット回線を活用してスマートフォンなどで内線・外線等のビジネスフォンの機能を利用可能にするクラウドサービス）を利用し、自宅でも外出先でもスマートフォンで会社の電話番号が使えるようにする方法などがあります。そのためお客様から固定電話が理由で出社せざるを得ないという相談を受けた場合は、「DX化で解決できます」と回答するのがよいでしょう。

受付

コロナ禍でオンライン面談が増え、来客が減った会社が多いのではないでしょうか。有人受付をしていた会社は、新型コロナウイルス感染症拡大防止の観点から、有人での対応を継続するか検討するケースもあるかと思います。有人受付を廃止し、総務担当者が対応するとなると、総務担当者の業務が増えてしまいます。そこで受付業務のＤＸ化にたどり着きます。たとえば受付に受付システムがインストールされているタブレット端末を置くことで、受付の無人化が実現します。来客があった際はタブレット端末から担当者の呼び出しが可能となるため、通知が届いた担当者はお客様を迎えにいき会議室に案内できます。

なお、会議室にも受付システムの入ったタブレット端末を置くことで、会議室の入退室が管理できるようになります。早めに会議が終わった場合は空いている会議室を利用したい人が使え、延長したい場合は会議室に空きがあるかその場で確認でき、会議室利用状況の可視化ができます。受付の無人化というＤＸ化が業務効率化にもつながります。

座席管理

昨今、出社・テレワーク・在宅勤務と働き方が多様化している中で、座席の管理に課題意識のある会社もあります。出社とテレワーク・在宅勤務のハイブリッドで運用している会社の中には、フリーアドレスにしている会社もあるでしょう。そうしたときに座席の管理が課題となります。もちろん紙や表計算ソフトで毎日の座席表を管理することは困難なため、システムの導入の検討に至ります。座席管理業務をＤＸ化すると、誰がどこに座っているか、座席に空きがあるのかなどが可視化できるため、勤務状況の可視化にもつながります。また、事前に座席の予約もできるため、出社時間や外出から戻る時間に合わせて席を確保でき、席を探す無駄な手間が省けます。コロナ禍でハイブリッドワークにした結果、座席の管理に課題をもたれているお客様には、ぜひ座席管理業務のＤＸ化を提案してみましょう。

総務部門と一言でいっても多種多様な業務をし、会社の経営をサポートしています。今回ピックアップした項目は総務業務のごく一部ではありますが、他の総務業務についてもＤＸ化の可能性を秘めています。総務業務はどこの会社にもあるので、まずは自社の総務業務の課題を解決し、その体験談をお客様と共有するのがよいでしょう。

法務

重要度☆☆

こんな相談、よくあります

- 契約書の押印のためにテレワークが進まない
- 契約書関連の業務の流れが煩雑で時間がかかる
- 電子契約に興味があるが、紙の契約書と何が違うのかわからない

契約締結・管理

企業間取引のみならず、雇用契約書など人事業務にも影響のある契約書。契約書の締結や管理は、正しく行わないと企業の存続危機に直結することもある重要な業務です。契約締結には取引先、営業部門、バックオフィス部門、法務部門などさまざまな人の手を介し、多くの時間を要するため、紛失リスクも伴います。こういった問題を解決するためのＩＴツールが多く出始めています。ここでは法務関連のＤＸについてみていきましょう。

【図表】リーガルテックの主な範囲

法務業務	リーガルテックでできること
法律関連の調査や分析	法務関連の法令検索、判例検索、書籍検索
契約書関連作業	AIによるレビュー、作成、電子署名、保管・管理
審査や登録	インターネットを利用した登記、商標登録
紛争や訴訟	インターネットを通じた法務相談

リーガルテックによる法務業務のIT化

法務業務のDXにおいて、「リーガルテック」という言葉を耳にしたことがある方も多いのではないでしょうか。リーガルテックとは、法律を意味する「リーガル（Legal）」と技術を表す「テクノロジー（Technology）」を組み合わせた言葉です。法務業務の利便性や生産性を上げるためにIT技術を活用したサービスを指します。リーガルテックの守備範囲はさまざまで、法律関連の調査や分析、契約書関連作業から、登記などの審査や登録、紛争や訴訟に関する分野まで及びます。

この中でも、契約書関連の分野は特に注目を集めています。契約書作成や電子署名を可能にする電子契約システムは、すでにDX推進に取り組んでいる企業では、初期に導入を進めた傾向が高いようです。導入のしやすさもありますが、最大のメリットとしては印紙が不要という点で、契約書に貼付する印紙が高額になることが多い業種には大きなコスト削減になります。

電子契約システムを利用した契約業務

電子契約システムでは具体的に何ができるか、注意点も含めてみていきましょう。

①作成から申請・承認まで一元管理ができる

契約書の作成には文書作成ソフトを利用することが一般的ですが、システムにテンプレートを登録しておくことができる機能があれば、作成後にそのまま申請に回すことができます。テンプレートに登録がない契約書でも、ＰＤＦデータにしてシステム上にアップロードして申請することができ、原本を承認者やバックオフィス部門へ回す作業がなくなります。申請者は取引先に電子契約で締結してもらえるかの確認と、送付先のメールアドレスを教えてもらうという作業を事前に行う必要があります。契約書作成時に送付先メールアドレスも一緒にシステムに登録する必要がある場合があるためです。なお、メールアドレスの指定には注意点があります。②で確認しましょう。

②メールアドレスを利用した電子署名により押印が不要になる

契約書の内容が承認されたら、指定のメールアドレスへ契約締結依頼のメールを送ります。郵送にかかる費用・時間が大幅に削減されます。送付先が電子契約システムを利用していなくても、メールアドレスさえあれば電子契約の締結ができます。ここで大事なことは、紙の契約書で行っている押印作業が電子署名に代わるということです。電子署名は押印と同等の意味をもちますので、送付先として指定するメールアドレスの保持者が押印権限をもっている方かどうか確認する必要があります。送付元も同様で、押印権限のあるメールアドレスから送付する必要がありますので、社内の押印規程などがある場合にはそれに従って権限を設定する必要があります。

③電子署名済みの契約書データ管理が容易になる

押印済みの契約書の管理に代わるものです。指定したメールアドレスにＰＤＦデータで送付した契約書に相手が電子署名を施すと、ほぼ同時にタイムスタンプが付き、送付元・送付先それぞれに締結完了のメールが届きます。自社が送付元であれば自動的にシステムに格納されるため、押印後の回収作業や保管作業、保管場所の確保が不要になります。

電子契約と紙契約の違い

電子契約と紙契約とでは、そもそも準拠する法律が違います。紙契約は民事訴訟法の範疇になり、契約締結には署名または押印のどちらかを必要とするのに対し、電子契約は電子署名法の範疇になり、電子署名のほかにタイムスタンプが付与される必要があり、この二つの改ざん不能なデータがあることで、契約締結の証拠とすることができるのです。そのため、電子契約を利用するにあたって理解しておかなければいけない3つのポイントがあります。

①原本はＰＤＦデータであること

前頁の③にあるように、電子署名とタイムスタンプが付与されるのは電子契約システムから送付されたＰＤＦデータになります。この情報は、ＰＤＦデータにのみ施されたものであるため、印刷物では証拠になりません。必ずＰＤＦデータを保管する必要があります。これは特に受信側でしっかり意識しておく必要があります。

②電子署名・タイムスタンプの二つのデータがあることを確認すること

電子署名・タイムスタンプを確認するには、Adobe Acrobat Readerのソフトが必要です。他のＰＤＦ表示システムだと確認できない場合がありますので注意しましょう。

③契約書の保管に関する末尾文言が電子契約対応のものになっていること

契約書の末尾には、双方の契約書の押印と保管に関する文言がありますが、その文言も電子契約対応のものになっている必要があります。たとえば紙契約書でよくある「各々記名・押印の上、甲乙双方保管するものとする。」という文言を「本契約書を電磁的に作成し、双方にて記名・押印に代わる電磁的処理を施し、双方保管するものとする。」などのように、電子的処理を前提とした内容に変更しておかなければ、万が一紛争になった場合に記名・押印した書類が存在しているとみなされ、電子署名の契約書原本は証拠として取り扱われなくなってしまうおそれがありますので、お客様に提案する場合には十分に注意しましょう。

電子契約システムによるDX推進提案のポイント

電子契約システムは主に自社作成の契約書の管理を対象としますが、電子契約システムを導入した場合でも紙契約の業務が残る場合もありますし、相手側が作成し、電子送信された契約書データの保管などもあるため、紙契約のみの場合よりも業務が煩雑になる可能性があります。その場合にはＣＬＭ（Contract Lifecycle Management）と呼ばれるテクノロジーの活用も提案の視野に入れておきましょう。日本語では「契約ライフサイクルマネジメント」といわれ、契約締結前の分析から締結後の管理まで、契約業務全体を最適化するためのテクノロジーです。紙での契約締結分も電子契約分と一緒に管理ができるシステムであるため、先に挙げたように、たとえば電子での契約書締結を承諾いただけないことが多い場合でも、管理を一元化できます。お客様の望む管理範囲によって、ツールの選定をするとよいでしょう。

人事労務

重要度☆☆☆

こんな相談、よくあります

- 勤怠集計期間は担当者が忙しくて話しかけにくい
- 従業員が勤怠管理システムに対応できないのではないかという不安がある
- 勤怠管理システムの種類が多く、どれがよいかわからないし、コスト面も心配だ

勤怠管理

平成30年6月に成立した働き方改革関連法は、平成31年4月から順次施行され、労働基準法の一部改正も行われました。改正労働基準法の中でも、勤怠管理に大きく影響する項目として、「時間外労働（残業）の上限規制」「1年あたり5日間の有給休暇取得の義務」「月60時間を超える残業時間の割増賃金の引上げ」そして「労働時間の状況の客観的な把握」が挙げられます。労働基準法では労働者の勤怠管理をすることは企業の義務であると定め

【図表】勤怠管理で管理すべき項目

- 始業・終業時刻、休憩時間
- 労働日数、欠勤日数
- 労働時間数
- 遅刻・早退時間数
- 休日労働時間数、時間外（残業）労働時間数、深夜労働時間数
- 有給休暇日数・残日数

ています。適切な勤怠管理をすることで従業員の過重労働を防ぎ、健康維持にもつながります。勤怠管理をＩＴ化することにより、経営者がいつでも従業員の勤務状況を把握して働きやすい環境を作り、企業の生産性向上につなげられるよう、勤怠管理のフローと課題、勤怠管理のＤＸ提案のポイントを押さえましょう。

勤怠管理のポイント

厚生労働省の『労働時間の適正な把握のために使用者が講ずべき措置に関するガイドライン』（平成29年１月20日策定）では、「使用者は、労働時間を適正に把握するため、労働者の労働日ごとの始業・終業時刻を確認し、これを記録すること。」とされています。それ以外にも企業が勤怠管理で管理すべき項目を上の図表で把握しておきましょう。

勤怠管理のフロー

次に課題を洗い出すため、ＩＴ化の進んでいない企業の一般的な勤怠管理がどのようなフローになっているかをみてみましょう。

①始業・終業（出退勤時）
従業員：タイムカードへ打刻、出勤簿へ記入、表計算ソフトへ入力等

②休暇等の申請（随時）
従業員：申請書を印刷して記入し、上長へ提出
上　長：内容を確認して承認（押印）
労　務：休暇日数等を管理簿へ記入して申請書をファイリング

③労働時間等の集計（１カ月に１回）
労　務：始業・終業時刻を勤怠集計表に転記
　打刻漏れ等の不備は従業員へ確認し、必要に応じて申請書の催促
　出勤日の労働時間、遅刻・早退時間、残業時間の集計
　１カ月の勤怠時間の合計を算出

勤怠管理の課題

勤怠管理の方法はさまざまですが、代表的な方法としては「書面による手書き出勤簿」「タイムカード」「表計算ソフト」そして「勤怠管理システム」があります。従業員数の多い企業では勤怠管理システムを導入しているところも増えてきていますが、まだまだアナログな方法で勤怠管理をしている企業も少なくはありません。

タイムカードでの打刻管理の場合、コストが安く誰でも簡単に打刻できるというメリットはありますが、他人でも打刻をすることができるため不正打刻にもつながります。また、打刻漏れがあっても気づきにくいため、集計をするまで未打刻のままということもあり得るでしょう。さらに、集計をするために、始業・終業時刻を表計算ソフトなどに手作業で入力すると、時間と手間がかかる上、入力ミスや集計ミスにもつながります。休暇等の申請から承認・反映までも手間と時間がかかってしまいます。そして何より1カ月の集計が終わらないと、長時間労働に気づかないという問題があります。労働基準法により残業時間の上限は原則月45時間・年360時間と定められています。そのため、日々の残業時間を把握し上限を超過しないよう管理する必要がありますが、1カ月まとめて集計をするため、集計作業が終わらないと従業員の残業時間が把握できず、集計をしてみたら残業時間が上限時間を超えてしまっていた、という問題が出てきます。これでは改正労働基準法の求める「労働時間の状況の客観的な把握」ができていることにはなりません。

勤怠管理のＩＴ化を進められない理由として、経営者や人事・労務担当者からは、「コストをかけたくない」「今までの慣れた打刻や申請の方法を変えることで、従業員が混乱して対応できないのではないか」という声をよく聞きます。では、どうすれば勤怠管理のＤＸを進めていけるのか、考えてみましょう。

勤怠管理ＤＸ推進のポイント

①従業員の勤怠管理は法律で義務化されていることを経営者に認識してもらう

まずは、企業は従業員の適正な勤怠管理をしなければならないということを経営者に理解してもらいましょう。「適正な勤怠管理」とはどのようなものかを理解していない経営者も多いはずです。法令を順守した勤怠管理ができるようアドバイスすることが先決です。

②勤怠管理システム導入のメリット・デメリットを伝える

勤怠管理システムの導入には多くのメリットがあります。日々の打刻はすぐに正確に反映され、退勤打刻をした時点でその日の労働時間が集計されるため、その日までの労働時間をリアルタイムで確認することができます。これは管理者だけでなく、従業員自身も確認できるので、日々の残業時間を把握し、月の残業時間の上限を超過しないよう管理することで、法令を順守した働き方改革の実現につながります。

アナログな方法での勤怠管理には労働時間や残業時間の集計、有給休暇等の申請書提出状況や取得状況の確認など、人的コストがかかりますが、勤怠管理システムの導入により、自動的に正確な時間集計や休暇等の残日数管理ができるようになります。また、勤怠管理システムの集計結果をCSVデータで書き出せるので、それを給与計算システムにインポートすれば手入力作業もなくなります。その結果、業務が効率化され、システム導入費用を上回る人的コストの削減につながることになるでしょう。

③企業に合ったシステムを提案する

もちろんメリットだけではなく、デメリットもあります。システムの導入から社内への浸透に時間がかかるという点です。就業規則、社内規程は企業によって異なり、勤務形態も多種多様です。社内ルールをきちんと把握して正しく集計されるよう設定をする必要があります。また、従業員への操作説明やマニュアルの作成などにも時間と手間がかかります。しかしこの時間と手間は一時的なもので、安定して運用ができるようになればメリットの方が多いのではないでしょうか。企業の勤務形態に対応しているか、職場環境に合った打刻方法や申請・承認ができるか、従業員が操作しやすいか、他システムへ連携ができるかなど、企業が何を重要視するかをヒアリングし、導入時や導入後のサポート体制も考慮しながら、企業に合った勤怠管理システムを提案しましょう。

給与計算

従業員の生活に直結する給与計算業務は、労務業務の中において重要な業務のひとつといっても過言ではないでしょう。給与計算は単純作業と考えている方もいるかもしれませんが、実際は頻繁に変わる法律や税率に対応したり、従業員ごとに扶養情報を取りまとめたりと繊細な作業が必要になる業務です。月々の給与計算だけではなく、賞与や年末調整といった計算にも対応していかなければなりません。そのような性質ゆえに給与計算は属人化しやすく、業務内容もブラックボックス化の傾向が強くなっています。

しかし、人材の確保も難しくなっている近年において、属人化および業務のブラックボックス化は企業として避けるべき問題といえるでしょう。また、作業時間と比例しない生産性の低い業務であることも、企業の悩みの種のひとつです。そのような問題と向き合うため、ＤＸ化によって標準化された作業環境を整えられるよう、そして給与計算業務に付加価値を付けることができるよう、給与計算業務の課題や押さえておくべきポイントを考えてみましょう。

給与計算業務のフロー

まずは、給与計算業務の基本的なフローから確認していきましょう。

①従業員情報の登録：住所、氏名、生年月日、扶養情報、口座情報、社会保険情報、固定支給項目等の登録
②給　与　計　算：勤怠集計結果、変動項目の登録および計算結果の確認
③給　与　振　込　み：振込一覧表を作成して振込手続き
④給与明細書の発行：給与明細書を印刷して個別に封入後、従業員へ配布

給与計算業務の課題とIT化のポイント

次に、給与計算業務フローの各工程での課題とIT化のポイントについてみていきましょう。

①登録する個人情報の項目が多い

給与計算をするためには、前掲の「①従業員情報の登録」で挙げた情報のほかにも、通勤手当や所得税の課税区分、前職の情報など、事前に登録しなければならない項目が多くあります。これらが正しく登録されていないと、誤った給与計算結果につながり、企業と従業員の信頼関係を壊してしまうことにもなります。

②手作業に伴う確認作業が多い

「勤怠管理」の項（111頁）でも触れた管理項目や、残業手当の計算、企業により定められた各種手当の集計、社会保険・所得税の計算、その他法律で定められていない企業独自の控除等、集計・計算すべき項目も多岐にわたります。毎月変動する項目については、別に管理する資料や表計算ソフトなどがあり、それらを基に給与計算システムに手作業で入力することが一般的でしょう。手作業では入力ミスをしやすいため、何度も確認する必要があります。

③給与計算後の後作業が多い

給与計算結果を確定するまでにも、細かい作業に神経を使いますが、計算が終わってからも作業は続きます。まずは、支給額を従業員の振込口座に振り込みます。以前は、振込用紙に個別に情報を記入し、銀行の窓口に持っていくことが多かったですが、現在はインターネットバンキングが主流になっています。社内にいながら振込作業はできますが、給与の支給額は毎月変動するため、やはり従業員ごとに振込金額を入力することになります。ここでも、入力ミスがないかの確認作業が発生します。

振込手続きが終わると、給与明細書の発行です。給与計算システムから印刷、封入をして従業員に配布します。誤って他の従業員の明細書を配布しないよう、細心の注意が必要です。

このように、給料が従業員の口座に振り込まれるまでの給与計算業務は、担当者が神経をすり減らしながら毎月行っています。社内の機密情報である給与計算は、限られた人数で行う企業がほとんどのため、属人化しやすい業務であり、退職や休職など担当者が不在になった際の引継ぎが思うようにできず、給与の支払いが遅れてしまう可能性もあります。そのようなリスクを避けるためにも、給与計算業務にもＩＴ化が推奨されます。

現在でも、給与計算システムを導入してはいるものの、給与計算以外の作業をアナログな方法で行っている企業は多くあります。また、大変だと感じながらも、これ以上はどうすることもできないと思っている担当者も多いようです。しかし、ＤＸは可能です。

給与計算業務のDX推進の提案のポイント

①業務フローを再確認し、手作業の業務を洗い出す

給与計算業務において手作業が多いにもかかわらず、担当者がどのような作業を行っているかを把握していない経営者も多いはずです。給与計算業務でも、二重入力作業の手間があり、特に従業員情報は他の資料やシステムにも同じ情報が登録されていることがほとんどです。まずは、業務フローを経営者にもわかるよう可視化し、作業工程の取捨選択をアドバイスしてみましょう。

②デジタル化やＩＴ化の提案

業務フローの可視化の後は、デジタル化やIT化できる業務がないか分別しましょう。給与計算システムの種類によっては、CSVデータをインポートする機能や、インターネットバンキングに取り込むための振込データを作成する機能がついていたりします。これだけでも、手作業による入力ミスを防止し、確認作業の時間も大幅に短縮されることでしょう。また、給与明細書を紙からPDFに変えてメール配信をしたり、給与計算システムに付随する給与明細電子化機能を活用したりすることで、印刷・封入作業がなくなるだけでなく、ペーパーレス化にもつながりコスト削減が図れます。業務改善だけではなく、環境保全の面からもデジタル化やIT化をアドバイスしてみてください。

③多機能または連携が可能なシステムを提案する

今は、人事、労務、勤怠、給与計算、年末調整までの一連の人事・労務業務を管理・連携できるシステムが多くあります。たとえば、従業員の入社時の基礎情報や年末調整の際に従業員が提出する各種資料（扶養控除申告書等）について、従業員のメールアドレスあてに、アンケートのような形式で情報の入力・確認を依頼し、給与計算システムと連携させて利用できるシステムがあります。従業員自身が情報をデータとして提出するため、労務管理担当者の入力誤りや業務負担を減らすことができます。

しかし、システムを導入しても使いこなせずに業務の効率化にはつながらなかったという事例も見受けられます。システム導入の際には、システムを導入する目的を明確にし、必要な機能を備えた最適なシステムを選択するよう、提案しましょう。

人材管理

重要度☆☆

こんな相談、よくあります

- 煩雑な事務作業に追われて、良い人材を採用するという目的に専念できない
- 従業員の能力やスキルを把握し、適切な人材配置や配属をじっくり考えたい
- 従業員個人が知る事例やノウハウが共有されず、社内に蓄積しない

採用

採用担当者によっては、求人媒体やエージェントごとに応募者を管理したり、応募者ごとに連絡手段を変えるといった作業に追われた結果、肝心の応募者のことを深く理解する

【図表】2030年の労働需要と労働供給予測

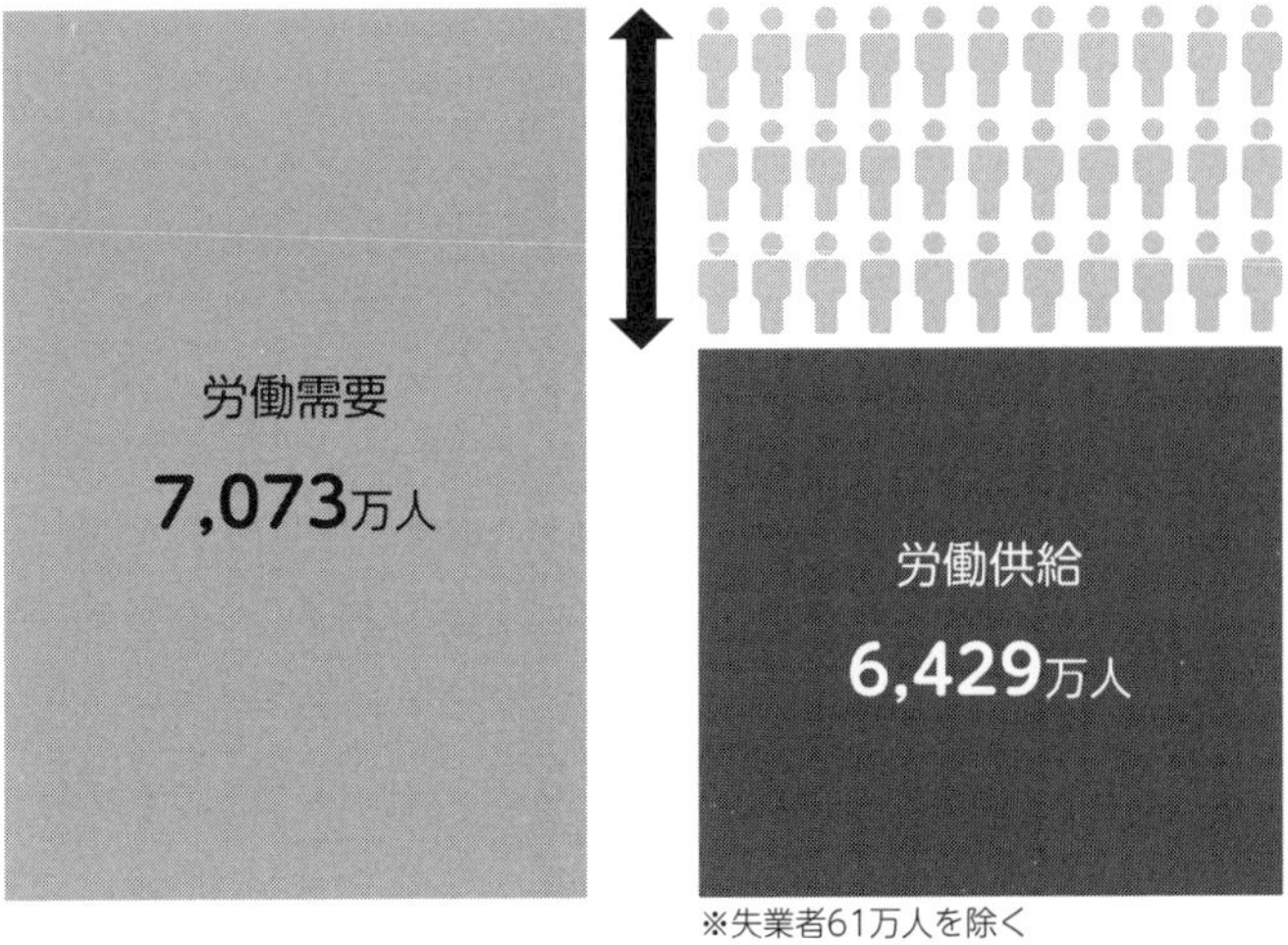

注：上記は平成30年10月公表時点の推計値であり、新型コロナウイルスによる影響は考慮されていない。
出典：パーソル総合研究所・中央大学「労働市場の未来推計2030」
（https://rc.persol-group.co.jp/thinktank/spe/roudou2030/）

余裕がない、という事態になってしまうことが珍しくありませんでした。採用業務においてはなるべく求人や応募者管理の工数を減らし、その分人材の見極めに注力することが理想的です。

近年では労働需要と労働供給のギャップから労働人口が大幅に減少することが予測されており、今後ますます新しい人材の獲得が難しくなっていくことが予想されます（123頁図表参照）。加えて、国内外の競争力を獲得するために企業は活性化を求められており、人材獲得の競争は激化しています。採用業務のＤＸは、効率的で安定した採用活動を行うために必須の取組みといえます。

採用管理システム（ATS）

採用管理システムとは応募から採用に至るまでのプロセスを一元的に管理し、効率化することができるシステムです。ＡＴＳ（Applicant Tracking System：応募者追跡システム）ともいい、以後本書では「ＡＴＳ」と呼びます。ＡＴＳを用いることで、求人募集・応募受付・応募者との連絡調整・進捗管理といった採用業務にかかる作業の効率化を図ることができます。応募者数が年に2～3人だったり、数年に1度しか採用をしないという会社の場合はＡＴＳを導入する必要はあまりありませんが、年に数十人を採用するような規模の会社の場合は、ＡＴＳを導入すべきでしょう。数十人を採用するにあたっては、数百人や数千人規模の応募者の管理が必要となるためです。

ＡＴＳを用いると、応募者のデータを社内で簡単に共有することができるようになり、面接後の評価や進捗状況を経営陣にシェアするのも楽になります。さらに応募者の応募経路や内定率などをリアルタイムで把握でき、かつ、そのデータを集計しグラフ化するといった人事戦略に活用できることもＡＴＳの魅力のひとつです。

ＡＴＳの提案のポイント

ここからは、ＡＴＳを実際に選定していく際にどのような機能に着目し、何をポイントに検討すればよいのかをお伝えします。

①機能の充実とユーザビリティ

ＡＴＳの機能がお客様の会社の採用プロセスを網羅しているかは重要です。それを確認するためにはまず、事前にお客様の会社の採用フローをあらためてシミュレーションし、ＡＴＳに求める機能や必須となる機能は何かを、あらかじめ考えておきましょう。また同時に、機能がたとえ充実していたとしても使いこなすのが難しそうだったり、操作画面が見にくいといった場合があるので、そのような点も選定の際に気をつけるとよいでしょう。

②どのような採用をメインにしているのか

お客様がどのような採用をメインにしているのか明確にすることも重要です。これは、新卒採用、中途採用、アルバイト・パート採用それぞれに適したATSがあるためです。多くのATSは新卒・中途の両方に対応しており、使えないということはありませんが、それぞれに得意分野があり、利用できる機能が異なります。

たとえば、アルバイトの採用をメインにしており応募数に課題を感じている企業の場合は、求人情報が求職者の目に留まっていない可能性が高いでしょう。そのためATSを選ぶときは、求人情報が少しでも多くの人の目に触れるよう、国内での利用率が高い求人検索エンジンとの連携性を考慮したり、利用率の高いメッセージアプリで応募者とチャットできる機能をもったATSを選択するとよいでしょう。

③どの採用業務を効率化したいか

採用業務には、日程調整業務や面接・選考の情報共有、応募者確保に伴う業務などさまざまな業務があります。たとえばオンライン会議システムによる動画面接機能の有無や、グループウェアのカレンダー連携機能の有無などは選定のポイントとなります。

④サポートの必要性

ATS導入に伴い、お客様はどこまでのサポートを必要としているでしょうか。企業によって採用規模や利用中の求人媒体の有無などが異なりますが、ＡＴＳベンダーの担当者によるフォローやサポートの充実度は大事な検討材料のひとつとなります。

以上の４つの選定基準のほかに、どのようなデータを分析したいかといった観点からの選定基準が必要となるケースもあるかもしれません。お客様の状況に応じて、最適なＡＴＳをご提案するようにしましょう。

タレントマネジメント

タレントマネジメントとは、従業員を戦略的にマネジメントする人事管理の方法のことを指します。

タレントマネジメントの目的は、経営目標を達成するための経営戦略を、人事面から実現することにあります。終身雇用や年功序列の考えが根強かった時代にはタレントマネジメントは注目されていませんでしたが、企業の人材が流動的になってきた昨今では、急速に注目が集まっています。背景には、少子化などが進む中、限りある人材を適切に育成・教育し、効率的に企業を発展させることが強く求められるようになってきたことがあるでしょう。

タレントマネジメントシステムとは

タレントマネジメントを行うシステムは、マネジメントの精度向上・戦略的人事の実現といったことに活用できるといわれており、代表的な機能として以下の5つがあります。

①情報管理・人材データベース機能

タレントマネジメントシステムの基本的な機能で、プロフィールに加え、人事評価の結果・スキル・性格といったさまざまな情報を管理することができます。

②レポート・分析機能

従業員のスキルやプロフィールを用いた集計・比較・分析等が行えます。適切な配置や配属を考えるためのシミュレーション機能が備わっているシステムもあります。

③コンピテンシー管理機能

コンピテンシーとは、高い業績を上げている従業員の行動特性のことです。コンピテンシーを管理し、行動特性の基準を可視化することで、期待する人材像と従業員とのギャップを明確にして、従業員のパフォーマンスを向上させるといったことが期待できます。

④育成計画策定機能

会社に求められる人材像と従業員の実際のスキル・経験を比較することで、人材の育成計画を立案できます。この機能によりマネージャーが部下や自身の管理するチームの育成計画を策定したり、計画が実現されているかをチェックすることができます。

⑤目標管理機能

定性的な目標とそれに紐づく定量的な目標を企業・部署・個人の各階層でもたせたり、システム上でフィードバックを行うといったことができます。

システム提案のポイント

タレントマネジメントシステムは、ただ導入するだけでは失敗に終わってしまう可能性があるので注意が必要です。以下の二つのポイントを押さえた上で提案するようにしましょう。

①導入の目的を曖昧にしない

一つ目のポイントとして、導入する目的を曖昧にせず、導入することで解決したい課題や達成したい目的は何かを事前にお客様に明確にしていただくことが重要です。この目的が曖昧だったために闇雲に色々なデータを収集してしまい、いざというときに情報量が多すぎて必要な情報が引き出せず、結局活用できないという状況に陥った事例もあります。まずは人材戦略を基に「将来会社に必要になるのはどのような人材か?」「業績を上げるため従業員はどのように動くべきか?」といったことを、お客様に熟考していただきましょう。それらを整理し、定量化した指標へ落とし込むことができれば、スムーズにシステム導入が進むでしょう。

②トップダウンで導入の必要性を周知する

二つ目のポイントは、経営陣主導で、従業員に導入の重要性を理解してもらうことです。タレントマネジメントの必要性が従業員に納得されていない状態で導入してしまうと、従業員が情報収集に協力してくれず、何もできず解約に至る、といったケースが多くあります。あらかじめ従業員には人材データを集める目的を説明し、データをどのように活用するかについて納得してもらう必要があります。場合によってはデータを提供するメリット（または提供しないことのデメリット）を説明する必要があるでしょう。システム導入には全社的な協力体制が必要不可欠です。そのためにまずは、企業の経営陣にもタレントマネジメントシステムについて理解していただき、従業員へタレントマネジメントの必要性を周知してもらえるよう協力体制を構築することが重要です。

全社規模で環境整備をしていただくことで、タレントマネジメントシステムの導入がスムーズになり、後々も使いやすいシステムを構築することが可能になります。

教育研修

事例やノウハウを組織のものとする必要性

組織で仕事をしているにもかかわらず、仕事を通して得た事例・ノウハウが個人の経験にとどまり、組織に蓄積しないといったことは業種を問わずありがちなことです。その結果、誰かが経験している事例やノウハウを別の誰かが新たに調べるといった無駄な工数が発生している、といった悩みを顧問先の経営者から相談されたことはありませんか。

ＩＴツールを活用し従業員個人が知る事例・ノウハウを組織として蓄積することで、業務効率化が実現し、従業員一人ひとりの成長、ひいては組織の成長を加速させます。

事例共有システムの導入

事例共有システムでは、社内でよくある質問をQ＆Aとして共有し、フロー情報として流れてしまうものを、ストック情報として蓄積することができます。仕事の進め方、過去に同じような事例があるか、お客様からの質問に対する回答などを蓄積することができ、いつでも検索することができます。社内のルールや仕事でよくある質問を蓄積しておくことにより、新人への教育といった面でも効率が各段に向上します。

動画の活用による教育の均一化

人材育成では時間や労力、コストがかかります。新人教育についてはOJTが中心の会社が多いのではないでしょうか。OJTは実際の仕事を通じた教育であり、仕事で使用する知識やスキルに直結している点では非常に有効です。しかし、教える上長などが多忙で新人が放置されたり、教える側も教育のプロではないため、教える能力にバラつきがあるだけでなく仕事のやり方が違うことも多く、成果にバラつきが生じます。育成の属人化によって、サービスや業務品質にもバラつきが生じるといったことを招きかねません。また、コロナ禍以降では、今まで当たり前のように行われていた集合研修の開催が難しくなっています。そこで注目されているのが動画の活用です。

動画マニュアルの導入のポイント

専門的な知識やスキルがなくても、パソコンひとつで簡単に動画が作成できるシステムがあります。そうしたシステムを用いて、業務の動画マニュアルを作成することができます。

簡単に作成できる反面、何でも動画にすればよいというわけではありません。導入のポイントとしては、社内の主要な業務や、新人が入社するたびに繰り返し同じことを教えているといった経験を洗い出し、重要度や反復性を考慮して動画化する内容を決定すると効果的です。

動画活用のメリットは次のとおりです。

①必要なときに必要な論点を繰り返し視聴することで理解度がアップする
②教え方や環境に左右されず均一な内容を受講できる
③上長などが外出等で不在でも、「聞けない」という新人の悩みを解消できる
④上長などが新人に張り付いて教える必要がなくなる

動画を活用することにより教育の属人化が解消し、組織としてもサービスや業務品質の均一化が図れます。教育にかかる労力・コスト削減の効果も絶大です。

クラウドサービスで知識の定量把握と継続学習

仕事に必要な知識の習得について、従業員各自に任せている会社が多いのではないでしょうか。また、たとえ社内で定期的に勉強会を実施していても、その場限りになっていたり、従業員によって習熟度に差があったりして、知識に偏りが生じるものです。そもそも知識習得のための学習の継続は難しいことです。従業員が仕事に必要な知識をもっているかどうかを把握できず、漠然とした不安を抱えている経営者もいることでしょう。

仕事に必要な知識の定量把握の方法として、選択式や記述式問題の作成機能と、参考資

料として画像や動画の添付もできるテスト機能を備えたクラウドサービスを無料で利用することができます。各問題への点数の配点もカスタマイズでき、採点も自動ですので、ペーパーテストと違って採点業務を効率化できます。また集計結果をグラフで可視化できますので、従業員の業務知識のレベルも簡単に把握し、足りていない知識を重点的にフォローするといった活用もできます。

従業員の知識の定量把握や継続学習と聞くとeラーニングシステムの導入などハードルが高いとお考えの方も多いかもしれませんが、コストをかけなくとも知識の定量把握と継続学習の支援は可能です。

知識の定量把握のためのテストとしてだけでなく、会社組織として従業員に身につけてほしい知識のインプットのための継続的な学習機会としても、こうしたサービスの活用を検討してみてはいかがでしょうか。

営業

重要度☆☆☆

こんな相談、よくあります

- 名刺管理を個人に任せており、社内で情報共有できていない
- 顧客情報の一元管理ができていない
- 個人で案件を管理しているため、会社として見込みや売上の把握がしづらい

情報管理の重要性

会社として売上を上げるために、営業はなくてはならない仕事です。営業の仕事はまず名刺交換から始まり、顧客管理、案件管理と顧客にまつわる情報を管理する必要があります。しかし中小零細企業では、名刺や顧客情報の管理、案件の進行については、個人の名刺フォルダにファイリングしたり、商談の予定を手帳で管理するなど、個人またはチーム単位でアナログ管理をしている場合が多いのではないでしょうか。そうなると、会社とし

て案件全体の進捗等が把握できないため、売上の見込みや事業計画などを立てる際の情報収集に大変な労力を要します。また、担当者が休職や退職をした場合、引継ぎが思うようにいかず、顧客満足度を低下させてしまうケースもあるかもしれません。

会社にとって重要な情報となる名刺管理・顧客管理・案件管理のＤＸについてみていきましょう。

名刺管理

名刺はビジネスをする上で最も重要なビジネスツールです。名刺を管理する方法としては、アナログ管理とデジタル管理があります。アナログ管理は、名刺をファイリングして管理する方法ですが、個人管理では情報の共有化が難しいです。そこで名刺管理のＩＴ化が必要となります。名刺管理ソフトを導入することで、個人に依存して管理していた名刺が会社の財産として管理可能となります。社内で名刺を管理・共有できるようになると取引先ごとの過去の経緯や企業としての接点を把握でき、見込み客の発掘や深掘りによる案件獲得につながるケースもあります。また名刺情報を名刺管理ソフトで管理することで、名刺管理ソフトの機能を用いて営業活動やメルマガの配信等のマーケティング活動にも生かすことができ、新たなビジネスチャンスの獲得も考えられます。

昨今では、新型コロナウイルスの影響によりオンラインでの面談が急増し、名刺交換しないケースも増えており、名刺情報の管理がしにくくなっています。名刺管理をＩＴ化することで、ソフトによりますが、オンラインでも名刺交換可能となります。名刺も紙とデジタルのハイブリッドに変化しつつあるため、アナログな方法で名刺を管理している会社には名刺管理ソフトの導入をアドバイスするのがよいでしょう。

顧客管理・案件管理

表計算ソフトで顧客情報や案件を管理している企業は多いのではないでしょうか。表計算ソフトで管理している場合、誤って内容を書き換えてしまったり削除した場合、復元できないか、復元できたとしても最新の状態まで戻せないことが多いです。履歴やログの管理ができないため、いつデータが変わったか等の管理も難しいです。また表計算ソフトのファイルを部署ごとに管理している場合、顧客情報の一元化ができずに情報が部署ごとに遮断されます。そこでＩＴ化の検討となります。

顧客の会社名、住所、電話番号、担当者名、案件内容、契約状況、過去の取引情報等をシステムで管理することで、会社として情報の一元管理が実現します。この情報こそが会社の財産となり、ビジネスの種となります。営業面においてはシステムに入力してあるデータの分析が可能となるため、見込み客の発掘や深掘り案件の創出はもちろんのこと、マーケティングやデータ分析が可能となります。ＩＴ化によるデータ活用によって表計算ソフトによる管理では発掘できない案件創出も可能となり、顧客情報や案件の可視化につながります。可視化により、現場では営業の進捗状況を把握するだけで見込み確度や滞っている案件を把握することが可能です。また、商談の履歴も含めた顧客情報が残るため、急な担当者の退職があったとしても顧客のフォローが可能となります。一方、経営層はシステムに蓄積された情報を経営判断の材料として活用できるようになるなど、双方でのＤＸ化が可能です。

ただし、システムを検討する上では、ユーザー目線を意識しましょう。営業担当者の主な仕事が「入力」になってしまってはいけないので、入力がしやすい仕様か、移動の隙間時間等でいつでもどこでも入力・確認ができるか、お客様が会社として管理したい項目が管理できるかがポイントとなります。

売上見込みの把握をしたい、顧客管理ができていない、案件の進捗管理が属人化している等のお悩みを抱えているお客様には、効率的な営業活動や迅速な経営判断ができるように、名刺管理、顧客管理、案件管理のＤＸを提案するのがよいでしょう。

第5章

DX推進の提案をしよう　業種別編

エピソード 5

黒田 バックオフィスの業務も細かく流れを知ると、どんどん改善できる点が出てくる気がするな。

海原 事務処理を担当している方々は、基本的に外部との付き合いがないでしょう？他の会社が同じ業務をどのように行っているか知りたいと思っている人は多いです。社長は業務フロー自体には無頓着なことが多いので、外部から情報を集めてくれることはあまりないですしね。そんなわけで、他社の業務フローをよく知る税理士に相談がくるってわけです。

黒田 なるほどな。

海原 ところで、世の中にはいろいろな業種がありますよね。商品やサービスによって、自社独自の情報を活用して経営をしています。そこで、業種特有の相談に対応するための提案についてご説明しようと思います。

黒田 助かるよ。建設を生業とする会社が、病院と同じ管理はできないからなぁ。

海原 さすがに全業種の解説はできないので、代表的な業種に絞ってお話ししますね。

建設業

重要度☆☆☆

こんな相談、よくあります

- 工事台帳や請求書等の証憑作成に時間がかかり、月次処理や決算作業が進まない
- 原価率が増加しているが、原因がわからない
- 働き方改革を推進したいが、どうすればよいかわからない

経理

建設業には元請けとなる会社のほか、元請け会社から専門工事等を受注する協力会社があります。専門工事には、配筋や型枠など建物を建てる際の工事もあれば、空調等の設備の設置や修理、店舗等のディスプレイ工事など建物を建てた後や定期的に行われる工事もあり、案件によって工事の規模や施工内容、関係者がさまざまなため、工事には多種多様な原価が発生します。しかし、建設業では、一般的に契約時に収入となる金額が決まるた

め、その金額の範囲内でいかに原価を抑え、利益を確保するかが重要です。

また、経理処理の面では、建設業会計による会計処理が必要となり、工事代金の回収や協力会社への支払方法も、一括払いもあれば中間前金払いや出来高に応じた部分払いもあるため、他の業種と比べ特殊な経理処理が多く、会社によって内容が異なることも特徴です。

原価管理のすすめ

原価管理というとゼネコンのような大手の会社が行うイメージがありますが、中小規模の会社は行わなくてよいのでしょうか。

工事にはさまざまな原価が発生するため案件ごとの原価の管理が難しく、どんぶり勘定となるケースもあります。しかし、契約金額が決まっているため、当初の予定にないイレギュラーな原価が発生すると、その分利益が減少してしまいます。特に、経営者や現場責任者の管理する案件の数が増えてくると、細かい部分まで把握しきれず、知らず知らずのうちにイレギュラーな原価が積み重なり、「忙しいのに赤字」という事態になりかねません。原価管理を行うことでイレギュラーな原価の発生を知り、その原因を調べることが今後の利益を確保する上で重要です。

原価計算は難しい

原価管理を行いたくてもできないというケースもあるでしょう。なぜなら膨大な手間がかかるからです。案件ごとに原価計算を行い、実際に発生した原価を集計しなければ、予算と比較して原価差異を計算することができません。表計算ソフト等で原価計算をしている会社もありますが、操作が煩雑で特定の人しか入力できないことも珍しくありません。また、原価管理に用いているシステムが経理処理で使用しているシステムと連携できていないと、同じ情報を複数のシステムに登録することが必要となってしまいます。

原価の一元管理で事務作業を削減

第４章でご紹介したように、経理業務のＤＸ（79頁）を行うと、事務処理に係るリソースが大きく削減できます。建設業ではさらに一歩進み、業界に特化した一元管理機能がある原価管理システムを導入することがおすすめです。基本となる工事の情報を登録すれば、請求書等の証憑の作成や日報管理、仕訳の作成など、多くの経理業務を紐づけて行うことができます。さらに、自動的に案件ごとの原価の集計がされるので、別途入力をしなくても工事台帳等の作成ができます。今まで複数の手段で行っていた経理業務を一つのシステムにまとめることで、業務によってシステムを変える手間がなくなり、さらに見積書に記載した金額や原価の発生状況を基に請求書を作成することができるなど、リソースの削減につながります。また、予算を登録しておけば原価差異を簡単に表示することができます。

原価管理で利益を確保

原価管理によって現場ごとの原価差異を調べることで、同じ発注内容でも担当者によって発注先や発注単価が異なっているといった非効率な部分を発見でき、さらに予算より低い原価で施工できた案件があれば、今後の原価率の改善に生かすことができます。また、原材料価格の高騰や人件費の増加等が起きた場合には、現場ごとにどのような影響が出るかを事前に把握し、経営判断に生かすことができます。

現場管理

原価率の改善には、イレギュラーな原価が発生しにくい仕組みづくりや、通常発生する原価自体を下げる仕組みづくりも有効です。さらに労働基準法の改正により建設業界でも働き方改革、つまり残業時間の削減に取り組む必要があります。そのためにはアナログな方法で行っている現場の管理を見直し、作業の効率化を目指す必要があります。では、どのような部分を見直せばよいのでしょうか。アナログ現場管理の問題点と、クラウド型の現場管理用のシステムを導入することで改善できる例をいくつかご紹介します。

「最新の図面はどれ?」問題

建設業では図面の変更や追加工事の発生、天候等による工期の変更など、工事内容等が当初の計画から変わることがあります。しかし、たとえば図面の変更があった場合に、誤って古い図面で施工してしまうとやり直し工事が必要となってしまいます。そのため、現場責任者は計画の変更があると、現場作業の後に事務所へ戻り、関係書類の修正や最新の図面等の印刷など、次回作業の準備を行う必要があります。

そんな業務の効率化には、図面管理機能のあるシステムが有効です。図面を関係者にデータで共有することができるので、各々が現場でタブレット等の端末を使い最新の図面を確認できるようになり、大量の紙を現場に持っていく必要がなくなります。さらに、現場で書き込みや写真の貼り付けができるほか、複数の人が各々で書き込んだ図面を統合できたりするものもあるので、事務所に戻ってから行う作業が減少します。

「必要な材料や人手が足りない」「遠くの現場の管理は大変」問題

追加工事が発生したり、使用する原材料が変更となった場合に、原材料の品番や寸法の伝達ミス等があると誤発注につながります。そして、必要なときに必要な材料が現場に届かないと、工程の遅れにつながります。遅らせることができない場合には、残業や多くの作業員を動員して仕上げることとなり、イレギュラーな原価が発生します。

また、工事の種類によってはシフト交代により日中から夜間まで行うものや、短時間で終わる複数の工事を1日で掛け持ちすることもあります。スケジュール管理にミスがあれば、必要な作業員が足りなくなり、工程の遅れや施主からのクレームにもつながります。事務所のホワイトボードや黒板等で従業員や協力会社の出面管理を行う会社もありますが、確認や変更のために事務所に戻ったり、事務所とやり取りする必要があります。さらに、施工状況の確認のため、経営者や責任者が現場を見に行くこともありますが、遠くの案件が増えれば移動だけで時間も原価もかかります。

そんな問題の解決には、案件管理機能やチャット機能、カレンダー機能があるシステムが有効です。案件ごとにグループを分けてチャットで情報共有を行えば、他の案件と混同することがなく、必要なメンバーに文字で伝達できるので、聞き間違いなどのミスの削減につながります。また、タブレット等の端末を使うことで、カレンダーや工程表、作業現場の写真、報告書などの情報を関係者とデータで共有できるので、現場で最新情報の確認や変更を行うことができますし、経営者や責任者も現場に行かずとも施工状況の把握が可能です。

「測定や検査の取りまとめが大変」問題

工事現場では進捗状況によりさまざまな検査や記録が行われます。その際は、現場に工事用黒板やデジタルカメラ、構造図、検査器具、チェック表などを持参し、現場や測定結果の撮影・記録を行い、その後事務所に戻ってから写真等のデータをパソコンに移し、どの場所のどの角度から撮影した写真か、どの部分の測定データかを確認しながら、写真や測定結果を各種資料に記載・添付する作業が必要です。内容によっては膨大な量の写真が必要となりますし、測定に時間のかかるものや複数人で作業しないと測定できないものもあります。

そんな問題の解決には、写真管理機能や電子黒板機能、各種測定機能のついたシステムが有効です。タブレット等の端末があれば、一人で電子黒板付きの写真の撮影ができ、さらに写真へのメモ書きやデータ整理等をその場で行うことができます。報告書やダメ帳などの写真付きの資料を簡単に作成できるので、転記ミスや事務作業を大幅に削減できます。

さらに、専用の計測器と連携させることにより、測定結果を図面や報告書に自動で反映させ、資料を簡単に作成することができるシステムもあります。測定を一人で行うことができるようになり、人的要因による測定ミスが減少し、測定の経過を逐一記録できるので、より信頼性の高い記録を残すことができるほか、測定の進捗状況を確認できるので、複数の検査を行う際に効率的にこなすことができます。

建設業DX推進提案のポイント

原価管理や現場管理のシステムは、ゼネコンやサブコンが利用しているイメージがあるかと思います。しかし、大人数で使用することを前提とした多彩な機能がある高額なものだけでなく、システムによっては基本機能にオプション機能を追加していくものや、特定の工事に特化して一部の機能だけに絞っているものもあるので、必要な機能だけを選ぶことで価格を抑えることができます。

システム提案の際は、お客様が行う工事の種類や規模、業務フロー、必要な機能や価格面を考慮した選定が必要です。また、現場の作業員が高齢化してきている会社もあります。作業員が実際に使用する際の操作性はどうか、困ったときに電話できるようなサポート体制はどうかなども選定のポイントです。

また、これまでにご紹介したシステムを現場で使うにはタブレット等の端末が必要となります。端末を新規で購入する必要があるか、その場合は何台必要なのか、これらの購入費用のほか、通信費用等のランニングコストはどの程度かかるかも検討が必要です。

不動産業

重要度☆☆

こんな相談、よくあります

- 紙の書類を減らしたいが、何から始めればよいかわからない
- 顧客や物件等の管理する情報が多いが、まとめて管理をする方法が知りたい
- 遠方の顧客にも対応できるようにしたい

不動産業界の実態

不動産業界の業務は、一般的に顧客対応や膨大なデータを扱う物件情報管理、内見対応、入居業務など多岐にわたります。取り扱う情報量が膨大である一方で、対面での営業やFAX・郵送での紙のやり取り等、デジタル化が進んでいない業務が多くある業界でもあります。

また、『不動産業ビジョン2030』（国土交通省2019年公表）によれば、不動産業

界は従業員数10名未満の事業所、いわゆる「街の不動産屋」が全体の9割を占めていることも特徴です。

不動産業の課題

まず、不動産業界の抱える課題についてみていきましょう。

①膨大な量の情報をアナログ的な方法で管理している

不動産業では物件情報や顧客情報、契約情報、入出金情報など膨大な量の情報を管理しています。それにもかかわらず、手書きや表計算ソフトで作成された日報で情報を管理していたり、不動産情報をFAXで送るなどしている不動産業者が存在することも事実です。こうした管理方法は資料やデータの紛失などといったリスクがあり、そのリスクが現実のものとなった場合、企業の信頼性が損なわれるといった問題につながっていきます。

②対面でのやり取りが多い

不動産の売買契約、賃貸契約を結ぶ際には重要事項説明が必要です。従来は対面での説明が必要でしたが、宅地建物取引業法の改正により平成29年からテレビ電話等のシステムを使用した重要事項説明、いわゆる「IT重説」が可能になりました。しかし、令和4年2月に国土交通省が公表した資料『IT重説等の実施状況と今後の対応について』によると、令和3年9月のIT重説の実施率は賃貸で13%、売買で5%と、いまだ対面での重要事項説明が圧倒的に多いのが現状です。

重要事項説明に限らず、対面でのやり取りが多いと業務量が増えますし、顧客に何度も直接足を運んでもらわなければなりません。

③不動産取引契約業務が煩雑

従来の不動産取引は宅地建物取引業法により、ほとんどの契約書類に宅地建物取引士による押印と書面化が義務づけられていました。書面での契約は、契約書作成→印刷→押印→印紙貼付→宛名記入→郵送といった流れが一般的であり、非常に手間がかかります。

令和4年5月施行の改正宅地建物取引業法により、一部契約書の電子化が認められました。しかし、一部電子化が認められていない契約書がある、契約者の協力が必要となるなどといった理由で、普及するかどうかは未知数です。

不動産業のDXに役立つシステム

ここからは、不動産業におけるシステム導入と、IT化によりもたらされるメリットについてみていきたいと思います。

①不動産管理システム

不動産管理システムとは、物件情報や顧客情報などを一元管理できるシステムです。たとえば、物件の広告作成や間取図を不動産・住宅情報検索サイトへ掲載する際に必要な登録作業を一括で行う機能などにより業務効率化を進めていくことができます。物件情報や顧客情報の二重入力や入力ミス等が減少し、作業やチェックの時間を削減できます。また、社内で情報の共有を同じシステムで行えるようになり、業務の引継ぎ等もスムーズに行えるようになります。入金管理等の機能をもっているシステムでは入金状況の管理等も行うことができます。登録情報を活用して人気の物件の傾向を分析し、営業活動に生かしていくことも可能です。

②電子契約システム

電子契約システムとは、従来の紙の契約書での署名・押印の代わりとして電子ファイル（ＰＤＦ）に電子署名とタイムスタンプを付すことで、契約締結の証拠とすることができるシステムです（１０７頁参照）。

このシステムを使用することにより、契約書の郵送などの手間が減る、印紙の貼付が不要になり経費削減につながるなどといったメリットがあります。また、契約書を電子保存できるようになるため、契約書の紛失リスク減少にもつながります。

また、クラウド型の電子契約サービスには、契約書ファイルをアップロードしてファイルにアクセスできる複製不能のURLを契約相手にメール送信し、相手がそのURLにアクセスして電子署名することができるシステムもあります。こうしたシステムを選択すれば、相手方はシステムの導入をせずとも電子契約を行うことが可能です。

③オンライン会議システム

オンライン会議システムによって重要事項説明や物件の内見などといった従来対面で行う必要があったやり取りをオンラインで行うことができるようになり、顧客に何度も足を運んでもらう必要がなくなります。遠方に住んでいたり家族と一緒に物件選びを行いたい顧客の要望を満たすことができ、営業機会の損失を食い止めることができます。

以上のように、今までアナログ作業で行っていた業務がIT化によって削減でき、残業時間の削減につなげることができます。また電子契約やオンラインでの営業ができるようになれば、出社しなくても仕事ができるようになるため、さまざまな働き方に対応できるようになり人材流失の抑制にもつながります。

不動産業ＤＸ推進提案のポイント

まずは業務効率化や顧客満足度などといったお客様の会社の課題の確認を行います。それに伴って解決の優先順位が高い課題を解決できるシステムから導入を進めます。

なお、一度にまとめて改善しようとすると、お客様の通常業務との兼ね合いもあり、やることが多くなってしまいます。こういった状況になると頓挫する可能性が高くなるため、難易度が低く始めやすいところから行うのがポイントです。たとえば、システムをまったく導入していないお客様には、まずは費用がかからず導入障壁の低いオンライン会議システムの導入をして、対面での業務を減らすところから始めてもらうと、通常業務に支障を来すことなくDX化を進めることができます。

ただシステムを提案するだけでなく、現在の業務フローのどの点に課題があるのかをお客様と一緒に考えることも、DX化成功の鍵になります。

薬局

重要度☆☆☆

こんな相談、よくあります

- 店舗増加に伴い、会計入力業務に必要な資料のやり取りの負担が増えた
- 紙資料を会計に反映させるまでに時間がかかるため、試算表がなかなか出ない

● それぞれの店舗が離れているため、取りまとめに手間のかかる勤怠管理や給与計算、年末調整の業務をDX化したい

会計入力

一つの店舗の経営であれば会計入力の負担は大きくないかもしれませんが、薬局のような店舗型ビジネスの場合、複数の店舗を経営されている企業も多くある一方で、企業規模によっては経理人員が役員の方のみの場合もあります。

複数店舗となった場合は、店舗ごとの損益を把握するための部門会計の適用があることにより、損益計算書作成の手間や資料のやり取りが、店舗数との掛け算でそれぞれ増えていくこととなります。

会計入力業務のDX化・月次決算の早期化を税理士が提案するにあたっては、薬局の経理フローの特徴を押さえつつ、いかに毎月各店舗からスムーズに会計入力に必要な資料を収集し経理担当者または税理士に渡すか、いかに入力負担を減らせるかを、お客様と相談しながら進めていくことが必要となるでしょう。

薬局の取引の流れは、毎月同じ内容が多く、主に収入と仕入の経理サイクルに特徴があ

ります。

収入の流れ

薬局の収入は、処方箋に基づき薬を処方後、患者さんから受け取る窓口収入と、保険により2カ月後の入金がある保険収入に分かれます。

また、窓口収入は、保険適用の自己負担分や自費負担分と、その他店舗内での小物やOTC医薬品（市販薬）の販売による収入に分かれます。これらは店舗ごとに集計しているることも多いためレジのシステムによっては分類できず、手書きや表計算ソフト等で集計していることも想定されます。

仕入の流れ

薬の仕入については資金繰りの観点などから保険収入の入金と同月または翌月に自動引き落としにて支払いを行っている場合が多くあります。紙の請求書が各店舗に届くということがまだまだ多いのも特徴です。

定期的にある薬価改定の影響から、仕入商品によって多くの仕入先がある場合、会計ソフトへの入力と仕入先ごとの月末残高の確認作業が大きな負担になり得ます。

また、前述のように収入および仕入に関する管理や現金の入出金管理を、店舗ごとに管理していることが多いです。

会計入力業務の課題

以上を踏まえ、薬局の会計入力業務の課題を整理すると、大きく次の二つに分類されます。

- それぞれの店舗が離れているため、必要な資料の収集に時間がかかる
- 紙の帳票が多く、集計や会計入力に時間がかかる

これらの課題を解決するために、お客様にどんな提案ができるでしょうか。

提案のポイント

基本的には、クラウド型の会計ソフト（クラウド会計）を導入し、主要な部分を外部と連携、データでも管理上問題のない資料は積極的にデータでのやり取りを各店舗と行うという方針となります。

たとえば窓口収入や消耗品等の購入のため、店舗では現金または小口現金の管理を行っているかと思いますが、手書きで管理している場合や店舗ごとに表計算ソフトなどで集計

している場合は、ＣＳＶデータに変換して会計ソフトにそのまま取り込めるようにデータのフォーマットを統一することによって、入力業務の負担が大きく削減されます。証憑との突き合わせ等のチェック作業は後日郵送で届いてから行えば、入力業務と証憑との突き合わせ作業を分担することができます。

また、クラウド会計導入と自動仕訳機能などの活用により、外部データを省力化して取り込むことができるようになります。定型的な取引が多い場合は特に、会計の入力負担が大きく削減されます。クラウド会計による会計業務のＤＸについては、第4章の「会計業務のＤＸ推進の提案のポイント」（91頁）に詳しく述べていますので参照してください。

労務管理

薬局では離れた店舗の勤怠情報の管理を行い、それに基づいた給与計算後は給与明細をそれぞれの店舗の従業員に渡し、個人の口座に給与を振り込む業務が毎月発生します。また、年末調整の際は従業員が企業に提出すべき各種書類を回収し、さらに年末調整後は源泉徴収票をそれぞれの従業員に渡すという業務を、薬局にとって繁忙期に差し掛かる年末年始の時期に行わなければなりません。離れている店舗の従業員とのやり取りであることや、時期的に営業日数も少なくなることから、これらの業務負担は労務担当者にとって大きな負担となります。繁忙期に確実に発生するこれらの業務の負担を軽減するには、システムの力を活用しましょう。勤怠情報のデータ化、給与計算システムとの連携、給与明細の電子化、給与振込データの作成など、第4章の「勤怠管理」（111頁）、「給与計算」（117頁）を参考にしてください。

医療

重要度☆☆☆

こんな相談、よくあります

- 働き方改革が進まない
- ウィズコロナの時代に対応できるようにしたい
- 個人情報の取扱いが難しいのでシステム化できない

DXをめぐる現状

医療業界は新型コロナウイルス感染症によって、特にDXの推進が求められるようになりました。しかしながら医療業界のDXは他の業界に比べて進めづらいと考えられます。それにはいくつかの要因があります。

IT人材の不足

医療業界においてDXを進めるためのシステムやサービスは多数存在します。そのためDXを進めることはできる環境になってきています。しかしながら病院の規模によってIT格差が年々広がっている状況です。厚生労働省の調査によれば、令和2年度の電子カルテの普及率は、400床以上の大病院においては91・2%ですが、200床未満の病院では50%未満です。DXが進まない理由のひとつに理事長や院長が高齢のため、システムやDXという新しい情報への興味が薄いといったことがあります。そのため、病院の修繕や医療機器の買換えといった目の前の問題解決のための投資は行われますが、問題として発生していないことへの投資には手が回らないことが多いです。そもそも理事長や院長は医師であるため、医療以外の情報を検討する時間的余裕がないという事情があります。

働き方改革への道のり

医師の労働時間は年２０００時間を超えるといわれています。働き方改革により、令和６年４月以降は、勤務医の時間外労働の年間上限は原則９６０時間とされ、連続勤務は28時間まで、勤務間のインターバルは９時間以上、インターバルが確保できなければ代償休息を取得することが定められています。特定の医療機関においては時間外労働の年間上限は１８６０時間とされていますが、これは労働基準法で定められている臨時的な特別の事情があって労使が合意する場合の時間外労働の年間上限、いわゆる過労死ライン（年７２０時間）の倍以上になります。医師の労働時間の問題を解決するためのひとつの手段として、医療業界のＤＸを進めることが求められています。

ＤＸを進めるための土台づくり

個人情報の取扱い

医療機関においては住所や生年月日といった情報だけでなく、病歴などの情報も取り扱うこととなります。これらの個人情報は流出した際のリスクが非常に大きいため、外部のネットワークに接続するクラウドサービスの利用への抵抗感をもつ医療機関も多いです。病院内のパソコンは病院内のネットワークだけに接続されており、外部のネットワークに接続されていないところも少なくありません。そのためDXを進める場合には情報の管理者を設ける必要があります。情報の管理者は外部の委託事業者とともに常に情報セキュリティの管理を行い、問題が生じたときに速やかに対応できるようにしておく必要があります。

まずは小さな一歩から

医療業界においてDXを進めるには各部門の連携を検討しながら設計をしなければなりません。そのためには病院全体での協力が必要になります。しかしながら一度にDXを進めることは、コストや時間的にみても現実的ではありません。

まずは紙のカルテや稟議書をデジタル化することや病院内の事務管理をシステムに変更していくことで、各部門の効率化を図り、現状の業務改善を行うことでDXを進めるための足掛かりとします。そうすることで導入コストをかけることができる土壌をつくる必要があります。

IT人材がいないため、システムやサービスを導入することに抵抗があるというお客様に対しては、少しでも現状の業務を効率化していくためにも、資料の作成や繰り返し行う作業において一部分から導入することができるRPAツールを提案してもよいでしょう。

医療業界に特化したシステムの活用

ＤＸ化の土台が整ってきたら、医療業界に特化したシステムを活用して、本格的なＤＸを実現することが可能です。

クラウド型電子カルテ

オンプレミス型の電子カルテと比較すると、クラウド型電子カルテの導入費用は比較的安くあがります。長期的にみればオンプレミス型とかかるコストは大きく変わらないことが多いですが、クラウド型電子カルテはサブスクリプション方式（定額払いでのサービス利用）のため、サーバーの購入や保守管理をする必要がなく、導入にかかるコストは低く抑えることができます。

また、災害時などに紙のカルテの場合は消失の可能性がありますが、クラウド型の電子カルテの場合は、そのリスクは低くなります。

病院内の情報を一元化し、リアルタイムに共有することで、情報を重複して記載する必要もなくなり労働時間の削減につながります。記載事項などをカスタマイズできるものもあり、紙からの移行はスムーズに行うことが可能です。

またクラウド型電子カルテでは情報が暗号化されているため、データを外部から第三者が盗み見ることはできませんので、個人情報保護の対策としても有効です。

オンライン診療システム

オンライン診療とは、遠隔医療のうち、医師と患者の間において、パソコンやスマートフォンなどの情報通信機器を通して患者の診察および診断を行い、診断結果の伝達や処方等の診療行為をリアルタイムで行う行為を指します。

患者は直接医療機関を訪問しなくても診察を受けることができ、薬も配送で最寄りの薬局で受け取ることができるようになります。そのためそもそも待ち時間というものがなく、混雑を避けることができるため患者の満足度の向上につながります。

さらに医療へのアクセスが容易になることで、通院の時間がとれない患者や遠隔地にいる患者の診察の機会を増やすことができるため、医療の質の向上につながります。

新型コロナウイルス感染症の流行により患者同士の非接触も求められたことで、オンライン診療は受け入れられるようになってきました。今後、さらに普及すると考えられます。

現在、オンライン診療システムの中には、テレビ電話等だけでなく、体重、血圧等のバイタルデータや問診記録等を送信することができるシステムもあります。さらにオンライン予約から問診、スケジュール管理などの機能を備えているものもあり、初期費用が無料のサービスもあります。そのため医療業界のＤＸには欠かせないものといえるでしょう。

税理士が直接接点をもつ院長や理事長などの経営者は、現場業務の内情を把握することは難しいと考えられます。ただそうした方々はＤＸに関わる新しい情報を収集する時間をつくることができないほど忙しいこともあります。税理士の立場から医療業界に特化したサービスを紹介することで、お客様にＤＸに対する気付きを与えることが重要です。

公益法人等

重要度☆☆☆

こんな相談、よくあります

- 公益法人等の独自のルールがある中で、どうDXを進めればよいかわからない
- 公益法人等は紙の書類が必要であることが多いが、ペーパーレス化できるのか
- 業務をIT化した場合の行政対応について知りたい

多様な法人格と厳格なルールへの対応

公益法人等とは、不特定かつ多数の者の利益を目的とした事業を行う（公益性）とともに、その利益を団体の構成員に分配しないという性質（非営利性）をもった法人をいいます。具体的には法人税法別表第二に規定されており、公益社団法人、公益財団法人、学校法人、社会福祉法人および宗教法人等があります。公益法人等は個別の設立根拠法に基づいて、一定の要件を満たした場合に行政の認可等により設立されます。

公益法人等に共通した特徴としては、次のような点を挙げることができます。

- 会計基準や行政への年次報告書等の様式が法人格によって異なる
- 運営において法律に基づく厳格なルール（財務規律、内部統制等）が存在する
- 税制優遇措置や補助金の交付を受けるため、透明性の高い法人運営が求められる
- 定期的な監査等により行政の指導監督を受ける機会が多い

公益法人等でDXを進めるためのポイント

①会計ソフトの選び方

会計ソフトの導入を行う場合には、会計基準や行政へ提出する年次報告書等の要件を満

たすシステムを検討しなければなりません。たとえば、公益社団法人および公益財団法人は公益法人会計基準に基づく決算報告書を作成し、併せて定期提出書類を国および都道府県公式の総合情報サイト「公益法人information」の電子申請窓口等から行政へ提出します。それに対して、宗教法人では財産目録および収支計算書等を作成し、それらの書類を行政に直接または郵送等により提出する必要があります。このように、法人格によって作成書類や提出方法等が大きく異なるため、法人格に応じた書類の様式を満たす専用システムの選択が重要です。また、最近では公益法人制度の見直しが頻繁に行われているため、会計基準等の改正に即時に対応できるシステムを選択する必要があります。

②経費精算システムやワークフロー等を用いたガバナンス強化と意思決定の迅速化

公益法人等はその公益性と非営利性を担保するため、経営組織のガバナンス強化が求められていますが、営利法人との競争条件の同一化（イコール・フッティング）等により事業環境に変化が生じていることから、意思決定の迅速化も欠かすことができません。たとえば、社会福祉法人ではモデル経理規程において、契約は契約担当者が一定の手続きを経た上で、理事長等の承認を受けて行うこととされています。同様に支出の手続きにおいても、会計責任者の承認を得て行わなければなりません。このように法人運営において法律に基づく厳格なルール（財務規律、内部統制等）が存在することから、そうしたルールの順守をチェックできる経費精算システムやワークフロー等を用いてＤＸを推進することで、ガバナンスの強化と意思決定の迅速化を同時に満たすことができます。

③ペーパーレス化を行うための留意点

公益法人等の法人運営に関する文書全般のペーパーレス化については、税法上は株式会社と同様に電子帳簿保存法の要件を満たすことにより運用できますが、同時に法人の運営規程を定めなければならない場合があります。たとえば、社会福祉法人においては、経理規程に計算関係書類、財産目録および会計帳簿を電磁的記録により作成する旨を記載し、理事会の承認を受けてその運用を変更する必要があります。

また、公益法人等は定期的な監査等により、行政の指導監督を受ける機会が多くあります。公益法人等に対する行政の監査は、現地で紙の資料等を提示することにより行われることが多いため、会計に関する証憑書類や契約書等の行政の監査に必要な資料は紙で保存する等の対応を念頭においてペーパーレス化を推進する必要があります。

一方で、社会福祉法人が行う介護保険事業における介護記録の電子化のように、行政がＩＴＣ導入・活用の促進を図る例もあります。このような場合には、行政監査においてもペーパーレスでの対応が可能となるため、常に最新の情報に注意して変化に対応できるようにすることが重要といえます。

飲食業

重要度☆☆☆☆

こんな相談、よくあります

- 飲食業でのDXとはどのようなものがあるのかわからない
- 慢性的な人手不足のため、店舗運営の効率化をしたい
- DXで新型コロナウイルス感染症対策による非接触対策はできるのか

サービスとマネジメントのDXを

業界特有の課題

飲食業界は他業種と違い、食材の在庫ももつことが大きな特徴です。天候等で来店人数が左右されるなどの外的要因が多く、また、食材は日持ちがしないため在庫管理に時間と労力がかかってしまうという難しさもあります。

また、飲食業といえば、「店舗にお客様が来店して、店舗で店員が接客サービスをする」

【図表】飲食店の年次の新設法人推移

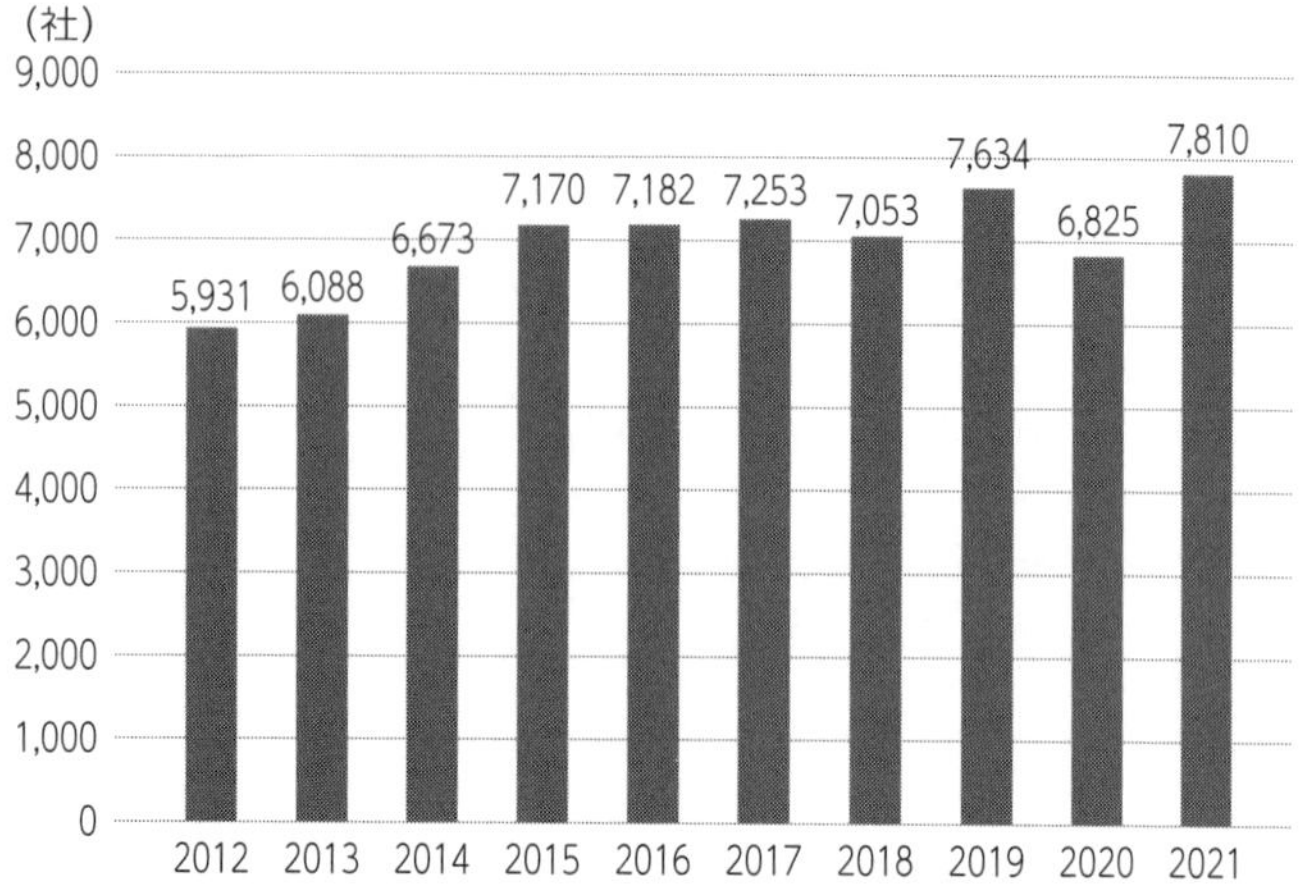

出典：株式会社東京商工リサーチ（ウェブサイト）「2021年の新設法人数、苦境の飲食店が過去最多の不思議」（令和４年６月27日公開）（https://www.tsr-net.co.jp/news/analysis/20220627_01.html）

という業態が主流です。そのため、店員がいなければ営業することができないにもかかわらず、慢性的な人手不足に陥っています。モバイルオーダーシステムの導入などのＤＸ化により、人手不足の解消が注目されましたが、大きな流れにならず人手不足の解消には至っていません。

なお、コロナ禍で多くの飲食店が苦境に陥る一方で、令和３年の飲食店の新設法人数（個人企業を除く）は７８１０社と平成24年以降、最多を記録しています。アフターコロナを見据えた法人設立が見受けられます。

飲食業界は、徐々にコロナ前の活況を取り戻しつつ、今後の競争がますます盛んになる状況であり、今後も販路拡大や効率化を目指し、飲食業界のＤＸ化を進めていく必要があります。

飲食業界でＤＸを進めるためのポイント

飲食業界でＤＸ化を進めるためのポイントとしては、「サービス面」と「マネジメント面」のＤＸ化です。コロナ禍により、人と人との接触をなくす必要があることから、ＤＸ化を推進し、店舗以外でのお客様との接点をつくることで、店舗で店員の接客サービスがない中でも利益を上げていくことが可能となります。また、飲食業界に特化したシステムの活用も効果的です。

①サービス面でのＤＸ化

サービス面でのＤＸ化により、店舗営業だけでなく、販売経路を増やしていくことができます。具体的にはＥＣサイトを利用し、販売経路を増やしていくことにより、売上増加につながり、店舗でのクラスター発生による休業など新型コロナウイルス感染症による不測の事態が発生した際にも、リスクヘッジが可能となります。

また、予約管理システムの導入などにより、店舗営業の際の来店者や予約者データを

ＡＩに学習させることで、来店予測が可能となります。来店予測ができれば、それに合わせて予約を受け付けることや、来店予測に基づいて必要な量の食材を準備することができますので、在庫の無駄を極力減らすことができます。

②マネジメント面でのＤＸ化

店舗経営としてのマネジメント面をＤＸ化して各種データを蓄積し、ＡＩによる分析を積み重ねていくことにより、お客様のニーズに合ったメニューやサービスの提供ができるため、顧客満足度が高まり、集客力アップにもつながります。

また、勤怠管理システムを導入することにより、従業員の勤怠管理・給与計算が自動化されます。飲食業はアルバイトも多く、時給計算が多いことなどもあり、給与計算が煩雑ですが、勤怠管理システムを導入することで、給与計算のミスを防ぐことが可能です。また、シフト管理機能が付いているシステムもあり、自動的にシフト表が作成されるものもあります。

③オーダー関係のＤＸ

飲食業界に特化したシステムの活用も有効です。飲食業界において、タブレット端末での注文システムは以前から存在していました。店員が利用客に注文を聞き、端末に入力をするという業務フローで、オーダー受付業務の効率化に貢献していました。さらにその一歩先を行くシステムとして、近年注目されているのがモバイルオーダーシステムです。
店舗が用意した端末ではなく、利用客自身のスマートフォンをはじめとする端末で注文することができるシステムで、利用客はいつでも好きなときにメニューを検討して注文することが可能です。

店舗としては注文を受ける手間が省けるほか、店舗でタブレット端末などを準備・管理するコストもかからないという大きなメリットがあります。また、注文・会計時に人と人との接触が起きないため、コロナ禍での感染リスクを最小限に抑えることが可能です。

④ＰＯＳレジによるＤＸ

ＰＯＳレジとは、商品の会計時点で販売した商品の情報を記録・集計できるシステムが搭載されているレジをいいます。近年のＰＯＳレジでは収集したデータを基にさまざまな分析をすることが可能となっており、店舗のマーケティングツールとして活用されています。

ＰＯＳレジを使用することにより、会計業務を効率化することができます。さらに、分析機能をうまく利用することにより、「どのような商品」が「どのような価格」で「どのような時間」に売れたのかを把握することができますので、現状分析のデータを活用すれば集客アップが期待できます。

会計事務所　重要度☆☆☆☆☆

さて、ここまでさまざまな業務、業種のＤＸについてみてきましたが、会計事務所の場合はどうでしょう？　意外とアナログな作業が多いのではないでしょうか。会計事務所のＤＸについてもみていきましょう。

こんな相談、よくあります

- 業務が属人化していて、何をどうすればＤＸ化できるのかわからない
- クラウド会計ソフトが実際どのくらい便利なのか知りたい
- 新人の入所の都度、所長自ら細かな業務を教えている状態を何とかしたい

まずは脱属人化から

会計事務所は、職人気質で責任感が強く、自分の仕事を他人に任せたがらない人が多い業界です。ゆえに、個人に仕事が紐づけられブラックボックス化しやすいです。

会計ソフトへの入力を例に挙げると、とある会社の入力業務を務めていたスタッフが急に辞めてしまうと、「この仕訳はどの資料を見て入力したのだろうか？」「勘定科目の振分の基準は？」など、謎解きから始めなくてはなりません。会計事務所をそうした謎解きから解放するのが、会計ソフトのクラウド化と、自動仕訳機能の活用です（詳細は、第4章の「会計業務のＤＸ推進の提案のポイント」（91頁）を参照）。これらの活用により、担当者が変わっても同じ品質で効率よく入力業務ができますし、インターネット環境があればいつでもどこでもお客様の会社の数字を把握することができます。

いきなりすべてのお客様の情報をクラウド会計ソフトに移行することはハードルが高いので、まずはクラウド会計ソフトの専門チームを立ち上げ、新規のお客様を中心にクラウド会計ソフトを導入してノウハウを蓄積し事務所内に展開することで、クラウド会計ソフトの浸透につながります。なお、インターネットを介するので、事務所の情報セキュリティ面の見直し・強化が必要です。

動画を活用した人材育成

売り手市場の今、なかなか人が集まらず頭を抱えている事務所も多いのではないでしょうか。選択肢として考えられるのが、新卒や業界未経験者の採用です。当然、採用後は業務内容について教える必要がありますが、多忙なスタッフには教育係を頼めず、所長自ら新人の横に張り付いて教える、なんてこともしばしば起きているかもしれません。そんな事態を解決するのが「動画」の活用です。

動画の活用による教育については第4章でも取り上げましたが（132頁）、会計ソフトの基本操作や表計算ソフトを用いた数字の集計などのルーティン業務は、動画でマニュアルを作成するとよいでしょう。パソコン画面を録画できるソフトは安価で購入できます。操作や作業を動画化することにより直接教える必要もなくなりますし、動画は見返すことができるので、同じ質問を受けることもなくなります。また、所長やスタッフが外出中で聞ける人がおらず新人の仕事が滞る、といったことも防ぐことができます。「動作」を教えるなら「動画」が最適解です。

しかし、業務を行いながらわかりやすい動画を作成し活用するには、時間と労力が求められます。会計事務所のそんな悩みを解決するサービスが、辻・本郷ＩＴコンサルティングが提供する会計事務所向けサービス『ＮＥＸＴＡ』（ネクスタ）です。試算表や申告書作成などの主要業務を動画に収めた研修ツール「実トレ®研修」を利用して、作業の流れやポイントを確認しながら、実際に会計ソフトの入力ができます。会計事務所の動画作成負担軽減・人材教育の効率化にぜひご活用ください。

第6章

提案を実行するための仕組みを知ろう

DX

海原　業務別・業種別などで整理して、具体的なDX推進について説明してきましたけど、どうですか？

黒田　ああ、だいぶ勉強になったよ。業種や部門を問わず、DX推進の提案ができるような気がしてきた。でもなあ……。

海原　どうしました？

黒田　今の俺のレベルでは、もしかすると適当なシステム導入の提案をして終わってしまうかもしれない。社長の相談役を自認する顧問税理士としては、社長がDXの効果を実感できるところまで確実に持っていきたいし、そのためには無理なく確実に実行可能な提案をできるようになれたらいいと思ってな。

海原　さすが先輩！　そのとおりですよ。それぞれのお客様の目的に適した提案をして、着実にDXを推進し、お客様の成長を後押しすることが大切です。

業務改善提案の際に最も大切なこと

重要度☆☆☆☆

DX推進の目的を定める

DX推進によって業務改善をする上では、何といっても「目的」を定めることが一番大切です。DXを進めて実現したい目標を明確にしなければ、やみくもにシステムを試すだけで時間の浪費になってしまいます。まずは、お客様が自社の「あるべき姿」、つまり「業務が最適化された姿」を思い描くことが先決です。

ですが、時としてお客様自身では「あるべき姿」を思い描けない場合もあります。それは、「現在の姿」が定着しすぎて違う姿を想像できなかったり、業務改善の方法を知らないことがあるからです。お客様の相談役である皆さんへは、自社の「あるべき姿」についてアドバイスをしてほしいというお客様からの希望が少なからずあるはずです。最適化された業務体制に導くためのより強力な武器として、DX推進をうまく活用しましょう。

この章では、お客様への業務改善提案を実行するための仕組みとポイントを解説します。

業務改善提案の進め方

業務改善提案を実行するためには、５つのステップがあります。

ステップ１：業務の棚卸
ステップ２：業務フローの可視化
ステップ３：課題の特定
ステップ４：解決策の策定
ステップ５：提案の実行・運用

次の図は、この５つのステップを簡単にまとめたものになります。まずはお客様の業務体制の現状を把握し、次に把握した業務を可視化します。可視化されると、おのずと課題もいくつかみえてきます。そこから優先順位をつけて解決策を決めていきます。あとは解決策を実行する体制づくりと、短期目標を設定します。継続的に効果の検証と改善を繰り返すことで、業務が最適化されていきます。この課題特定から実行においてＤＸ推進をうまく取り入れると、より良い提案が可能になります。では早速ステップ１から詳しくみていきましょう。

【図表】業務改善提案のロードマップ

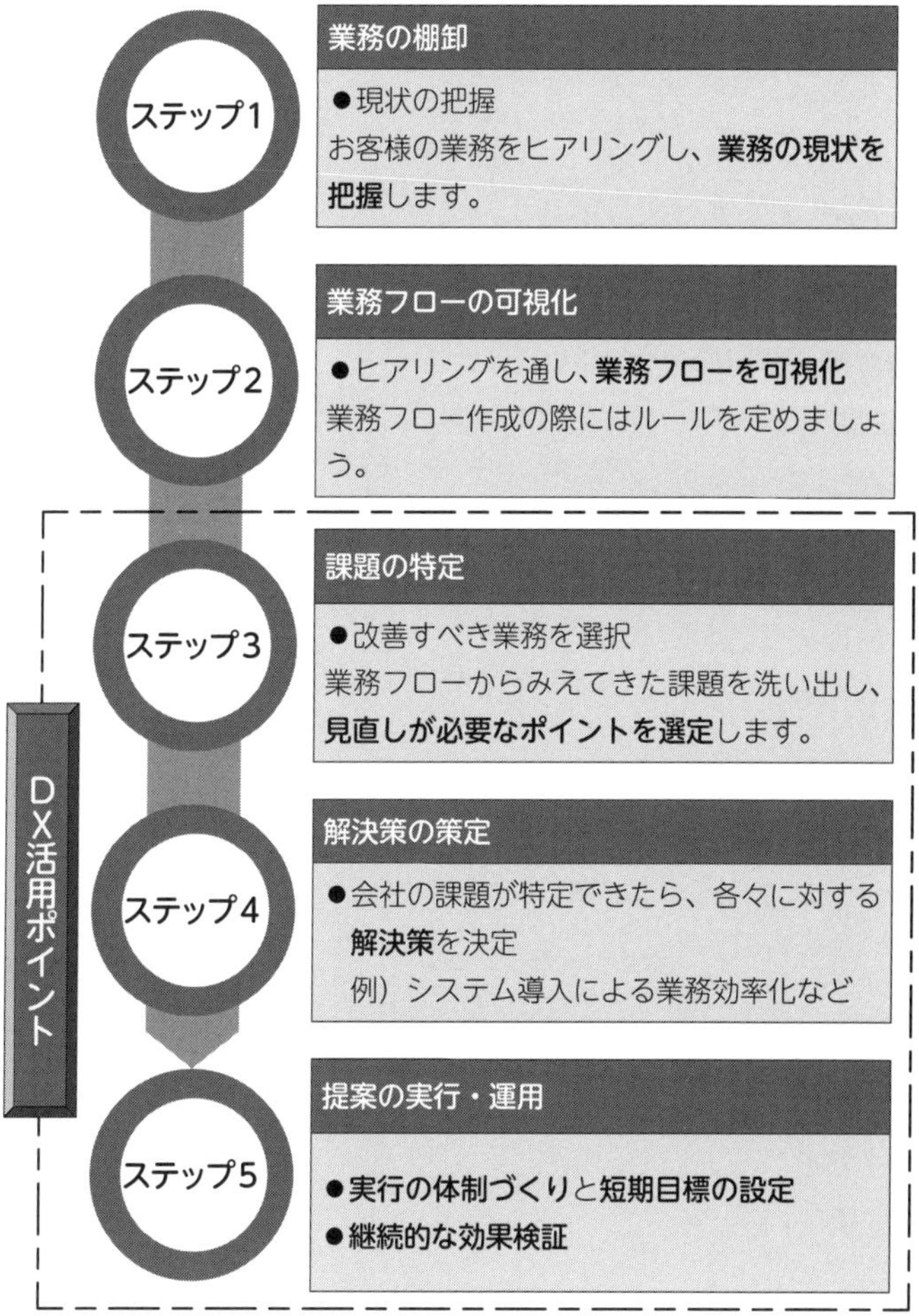
ステップ1
業務の棚卸
●現状の把握
お客様の業務をヒアリングし、業務の現状を把握します。
ステップ2
業務フローの可視化
●ヒアリングを通し、業務フローを可視化
業務フロー作成の際にはルールを定めましょう。
ステップ3
課題の特定
●改善すべき業務を選択
業務フローからみえてきた課題を洗い出し、見直しが必要なポイントを選定します。
ステップ4
解決策の策定
●会社の課題が特定できたら、各々に対する解決策を決定
例）システム導入による業務効率化など
ステップ5
提案の実行・運用
●実行の体制づくりと短期目標の設定
●継続的な効果検証
DX活用ポイント

業務改善提案のロードマップ

重要度☆☆☆☆☆

ステップ1　業務の棚卸

現状把握の重要性

業務改善のためには、いかに正確に現状把握できるかが大切です。いつ、誰が、どのような流れで業務を行っているかを細かく把握します。これができていない状態で、いきなりシステムを導入してしまうと路頭に迷いがちです。導入したが結局活用できていないといった、まさに宝の持ち腐れ状態になってしまいます。ではどのように業務を把握していくのか、具体的にみていきましょう。

①調査票の記入を依頼

事前に調査業務範囲を絞ります。対象業務の作業内容を記入するための調査票を作成し、業務担当者に記入してもらうようにしましょう。記入する方の業務習熟度によって内容が左右されるため、これをベースにして以降のヒアリングと立会調査によって詳細を確認していきます。これにより、聞くべきことの抜け・漏れを防ぐことができます。

②ヒアリング

次に業務担当者へのヒアリングを行います。業務の管理者と実作業者の両方に実施しましょう。ヒアリングをする際にはより丁寧に、相手の感じていることや、どのような点に問題を抱えているかなど、カウンセリングに近い形で行うようにしましょう。先入観をもって臨んだり、無理に問題点を引き出そうとするのはＮＧです。属人化している業務に対するヒアリングの場合は、複数名を対象にヒアリングした方が、より正確な調査が可能です。

③立会調査

最後に、実際に作業をしている現場に赴き、作業手順などを見て確認します。作業内容を言葉で正確に説明するのは難しいため、ヒアリング内容に誤りがないか、確認の意味でも行うとよいでしょう。

①～③のいずれも、業務担当者は通常業務を行う中で対応をするわけですから、極力短時間で調査を行えるよう工夫をしましょう。

改善すべき業務の選択

調査票・ヒアリング・立会調査によって現状が把握できたら、その中から改善すべき業務を選択していきます。スキル、コスト、所要時間等の切り口で分析をしたり、定量化することで、改善するべき部門・業務の優先順位がおのずとみえてきます。すでに「あるべき姿」を想定されているお客様にはそのための指針を、目指す姿のアドバイスが欲しいとご希望のお客様には「あるべき姿」とそのための指針を、より具体的に提示することが可能になります。この簡易的な診断で改善するべき業務に目星をつけ、ステップ２へと進みましょう。

ステップ2　業務フローの可視化

ステップ１で業務の現状把握ができたら、次はそれを作業担当者全員の共通認識にしていきます。その際、言葉や文字だけで伝えても宙に浮いてしまうので、より把握しやすいよう、１８７頁の図のような絵に描いた形で表現すると効果的です。これはフローチャートと呼ばれるもので、特に業務把握に使用されるものは業務フロー図と呼ばれています。ステップ１でみえてきた改善の優先順位が高い業務から着手していきましょう。

業務フロー図とは

業務フロー図とは、業務の流れや手順などを、線や図を使って表現したものです。文章を読むのとは違い視覚的に内容をとらえることで、業務の流れをより直感的に理解できるため、業務全体の管理に役立ちます。可視化することで問題点を見つけやすいといったメリットもあります。業務フロー図は関係者全員が業務の流れを認識するための共通言語となりますので、新入社員にもわかるような明瞭さが求められます。

なお、業務フロー図作成にはいくつかのルールがあります。

①目的を設定する

まず何のために作成するのか、目的を明確にしましょう。たとえば、新入社員教育、業務手順統一、業務引継ぎなど、業務フロー図はさまざまな目的で活用できます。今回でいえば、「ＤＸ推進による業務改善のために業務の問題点を洗い出すこと」が目的になります。目的によって、業務フロー図の描き方や内容が変わってきますので、作成を始める段階できちんと目的を設定しましょう。

②図形のもつ意味を理解して用いる

業務フロー図に使用する図形には、それぞれ意味が設定されています。たとえば、長方形は「処理」を表し、作業内容などを入れます。ひし形は「判断」を表し、ＹＥＳ／ＮＯなどの条件分岐点を表現しています。業務の始点・終点には「端子」を表す楕円形のような図形を使います。図形のもつ意味をきちんと理解して使用するようにしましょう。

③役割分担を把握できるように描く

業務を行う上では複数の部門、部署が関わる場合が多いです。たとえば経費精算業務であれば、営業担当者が自己が立て替えた経費の精算を申請、上長が承認後、経理部門が確認・承認、財務部門が決済するといったように、部門をまたいで業務が流れる場合があります。役割分担を表すには、「スイムレーン」といわれる部門や役割ごとに区切られた列を設けることで、登場人物の業務範囲を明確にします。役割分担をしっかり把握できるように描きましょう。

ルールどおりに作成すると、次頁のような業務フロー図になります。

よくある間違いと注意点

業務フロー図作成のよくある間違いとして、業務を熟知している人にとっては「当たり前」の手順を書き漏らしてしまったり、業務を熟知しているがゆえに情報をたくさん入れてしまうということが挙げられます。業務を知らない人も流れが把握できるように作成するためには、次の点に注意する必要があります。

●開始と終了の作業を明確にする

前掲のルール②で説明した始点・終点を表す「端子」が入っていないと、ひと目で業務の始点・終点を把握しづらく、間違った流れで進んでしまうおそれがあります。何をきっかけに開始され、どこで終わるかをはっきりさせましょう。

【図表】経費精算の業務フロー図（サンプル）

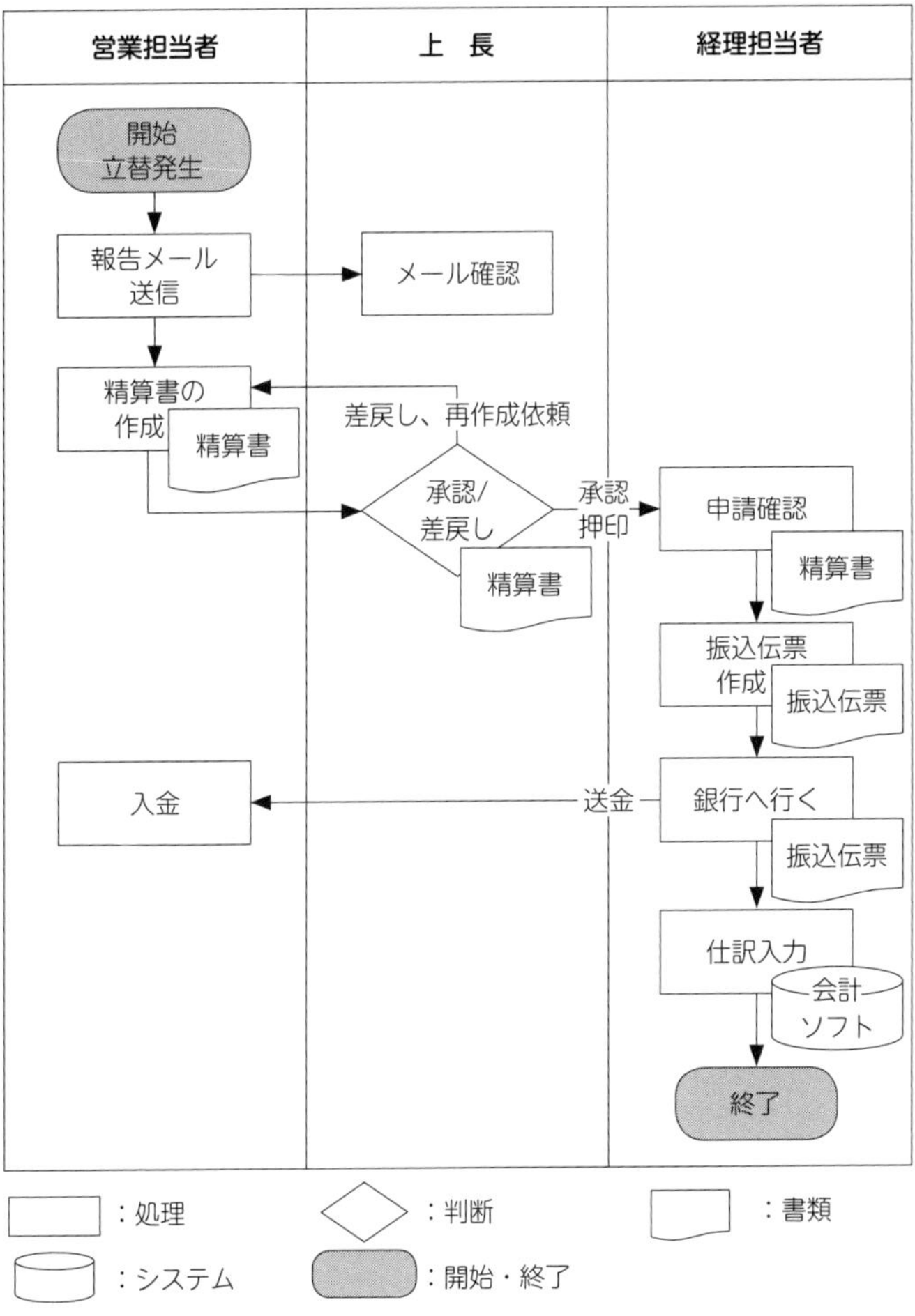

●流れ（時系列）を明確にする

業務の詳細を知っていればいるほど、業務フロー図内にたくさんの情報を入れてしまいがちですが、同じ列や行に複数の図形があると、業務の流れがわかりづらくなってしまいます。なるべく同じ列や行に複数の図形を置かないようにしましょう。また、業務の流れを明確にするために、上から下に、左から右に作業が流れるように描きましょう。

●条件分岐を明確にする

業務によっては複雑な分岐をしているものもしばしばみられます。業務を熟知していると細かく描きたくなりがちですが、煩雑になって流れがみえなくなってしまいます。まとめられるものはまとめて、条件分岐の数をなるべく減らすようにしましょう。

●システムや証憑の種類を明記する

「どこで・何を・どのように」業務を進めるかの、「どこで・何を」にあたる部分です。業務担当者にとっては「当たり前」であっても、新入社員や担当者以外の人にとっては「当たり前」ではありません。どういったシステムや証憑を使っているのかを図形の中に表記しましょう。前掲の業務フロー図では、「精算書」「振込伝票」「会計ソフト」が、それらに該当します。

●接続線の交差を極力なくす

線が交差すると流れを追いづらくなってしまいます。接続線がなるべく交差しないような配置を心がけましょう。

●業務詳細を付記する場合は番号を振って連動させる

業務内容はなるべく簡略化して記載し、必要であればスイムレーンの外に詳細を付記します。その際、番号を振って業務内容と紐づけられるようにしておきましょう。

以上のルールと注意点を守って、全員が共通認識をもてる業務フロー図ができあがると、想定した「あるべき姿」と乖離している流れやボトルネックが、よりはっきりとみえてきます。問題点とその課題を特定するステップ3に進みます。

ステップ3　課題の特定

すべての業務を洗い出し、業務フローも把握できたら、課題を特定します。解決が必要だと思われる問題の洗い出しをして、今後対応すべき課題は具体的には何なのかを判断します。このステップにおいて、問題と課題の違いを事前に意識しておきましょう。「問題」とは、その業務において解決したい事項を指し、問題を解決するために取り組むべきことが「課題」となります。

では課題の特定に至るまでのポイントをみていきましょう。

問題の洗い出し

課題を特定するためにはまず問題の洗い出しからです。次のポイントを押さえて、問題があると思われる作業や業務の流れをまとめていきます。

- 二重入力などみえやすい部分だけに終始しないように、所要時間、件数、金額などに着目して定量的に洗い出す
- コア業務とノンコア業務にも注目し、優先順位をつける
- 現状とあるべき姿を設定して、そのギャップから導き出す
- 現場の要望と会社の問題は違うということに注意する
- なるべく漏れなくダブりなく洗い出せるように、ムリ、ムダ、ムラの視点で書き出して共通する事項はまとめる

業務の問題を洗い出すことは、今後の業務改善提案の骨子となる部分です。ここで本質的な問題をいかに明確に洗い出すかによって今後の方策が決まります。いざ取り組んではみたものの、業務改善にならなかったという結果にならないように、また余計なリソースを割かないようにするためにも、しっかりと洗い出しを行うようにしましょう。

課題の特定・評価

洗い出しによって出てきた問題は表面的なものであることが多いため、それに対して「なぜそうなるのか」を検討していくことで、解決すべき問題の核を導き出します。そうすることで、問題解決のための課題を特定し、解決の糸口をつかむことができるのです。

そうして出てきた課題について、「本当に重要な課題か」「リソースを割くほどのものなのか」という評価をしていきます。評価の基準として、課題解決の影響範囲、月ごとの件数、差戻原因の種類と割合、差戻時の追加作業時間などの定量的なデータを各課題に付与します。そうして重要度と緊急度の２軸で評価・整理していきます。評価をすることで、課題の優先順位が決まりますので、「あるべき姿」に近づくための具体的な解決策の策定、ステップ４に進むことができます。

ステップ４　解決策の策定

課題が設定できたら、その課題をどう解決していくか、解決策の策定を始めます。ここで重要なのは、その解決策による達成目標をともに設定することです。ここではＫＰＩ（Key Performance Indicator）、日本語では重要業績評価指標といわれる、目標に掲げた事項がどれだけ達成できたかを定量的に示す数値が用いられるのが一般的です。たとえば、紙伝票の処理枚数が月に1万件あるものを、電子化によって最終的にゼロにするという目標を設定した場合、3カ月後には5000枚まで、半年後には1000枚までというように途中経過目標を数値で表したもので、そこから大きく外れているようであれば方向性の見直しなどの軌道修正を可能にします。ちなみに「紙伝票の処理件数ゼロ件」という最終目標はKGI（Key Goal Indicator）、重要目標達成指標と呼ばれます。お客様とKPIを一緒に考えながら、解決策を検討していきましょう。

解決策の検討・ECRSの原則

解決策を検討する上では、定型化された「フレームワーク」と呼ばれる意思決定や思考整理をするための方法を用いるとよいでしょう。フレームワークには、有名なPDCAサイクルや、主に製造業やサービス業で用いられるQCD（Quality（品質）、Cost（コスト）、Delivery（納期））などがありますが、今回は業種を問わず幅広く利用できるECRS（イクルス）の原則についてご紹介します。

【図表】ECRSのイメージ図

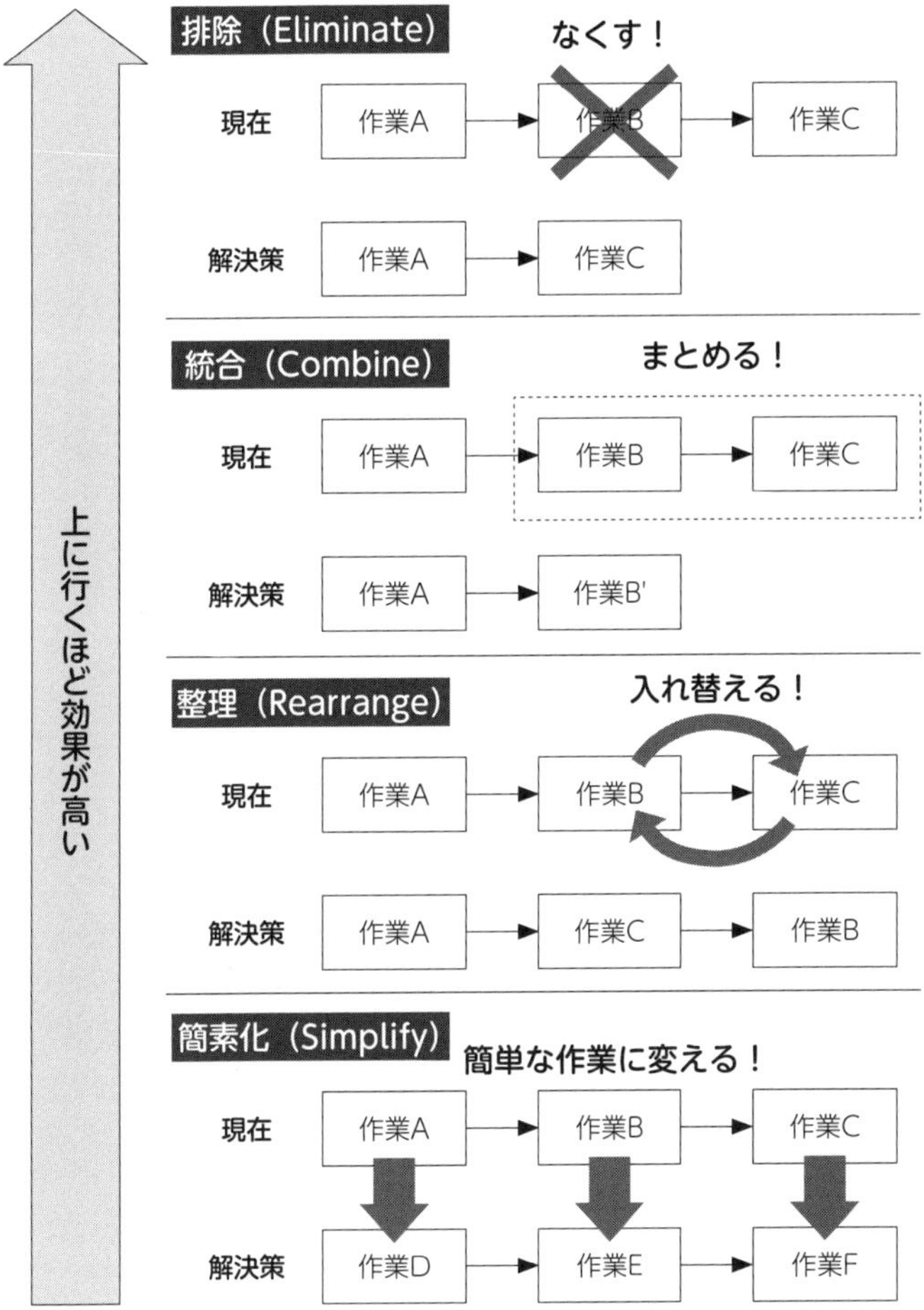

ＥＣＲＳは業務の無駄の排除（Eliminate）、統合（Combine）、整理（Rearrange）、簡素化（Simplify）のそれぞれの要素の頭文字をとって名付けられたものです。

●排除（Eliminate）：業務そのものをなくすことができないか
●統合（Combine）：業務をひとつにまとめられないか
●整理（Rearrange）：業務の順序や場所などを入れ替えることで、効率化できないか
●簡素化（Simplify）：業務をより単純にできないか

改善効果の高い順番に並んでおり、検討はＥ→Ｃ→Ｒ→Ｓの順番に行います。４つの要素それぞれに意見を出した上で、より導入コストが低く効果が高いものを選択するのがよいでしょう。

検討が完了したら、「あるべき姿」、つまり問題解決後の業務フロー図を作成します。作成の際には、現状の業務フロー図にＥＣＲＳで検討した事項を溶け込ませた形で作成し、現状と解決後の比較ができるようにすると、よりわかりやすくなります（１９６頁参照）。その結果どれだけの効果が実現できるかを数字で表しましょう。現在の業務フローにかかっている人件費やツールの使用料などの合計値と、問題解決後の同内容の費用を試算した合計値を比較することで、より具体的に効果を把握できます。ＤＸ推進をメインにしたシステム導入版だけではなく、たとえば業務整理版なども併せて提示するとよいでしょう。たとえば、現在複数名で同じ業務工程を担当している場合、システム導入によって各自の効率化を図るのもよいですが、共通の作業を一人に集約し、その他の業務を分担するという形でも業務効率化が図れる場合もあります。いろいろな検討をしてみましょう。

解決策の評価・選定

ＥＣＲＳなどのフレームワークを利用し、効果、費用、実行期間、実現性等で解決策を評価していきましょう。現実的かつ最も有効と思われる解決策が選定できたらいざ実行ですが、ここで忘れてはならないのは、その解決策を取り入れるかどうかは経営者など決定権をもつ方々の同意が必要だということです。どれだけの費用と期間がかかって、どのように進めていくのか、経営層の判断材料となる資料をきちんと準備し、選定した解決策を提示しましょう。

【図表】業務改善後の経費精算の業務フロー図（サンプル）

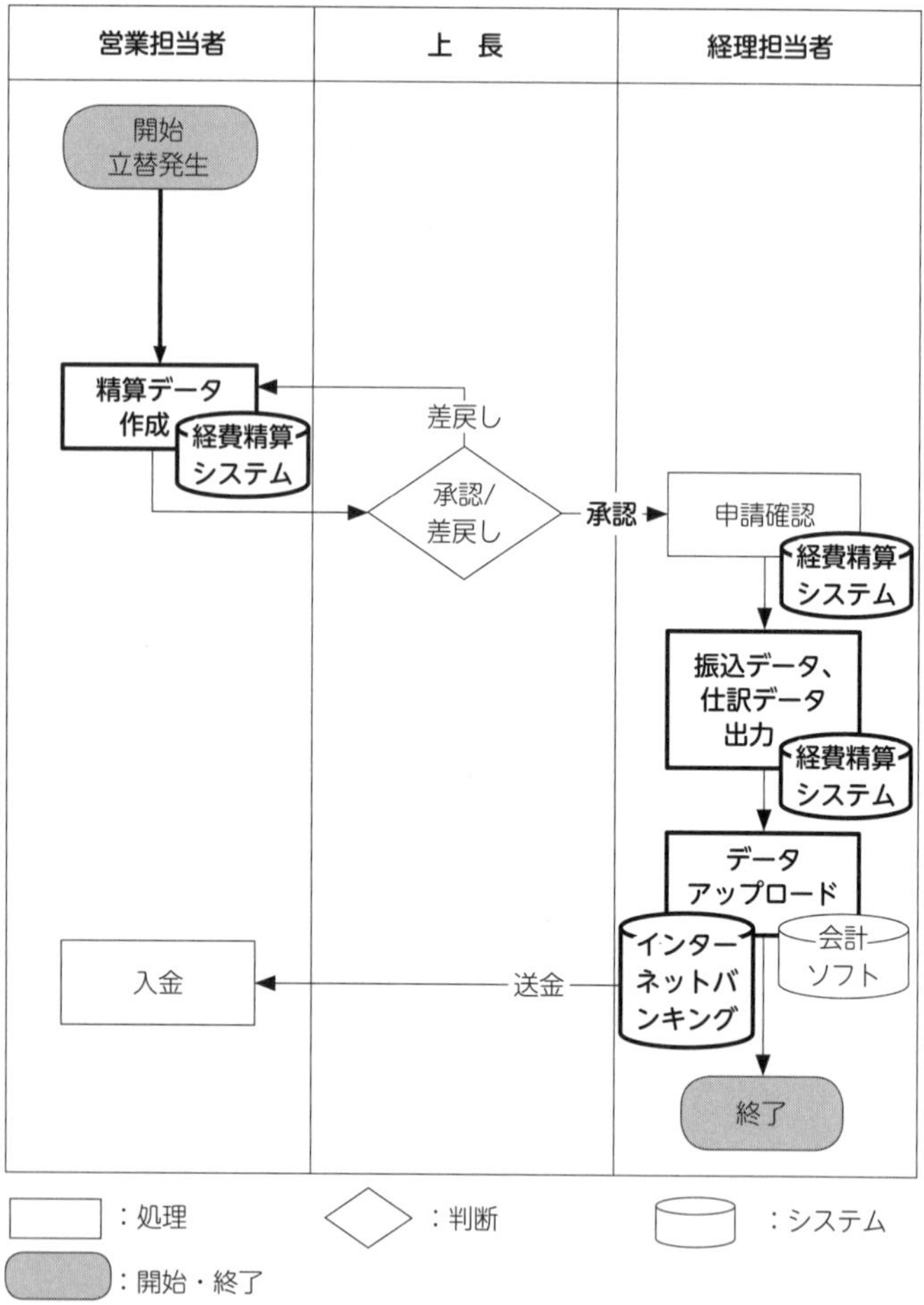

※業務改善前のフロー図（187頁）から変更があった箇所は太線で表示

ステップ５　提案の実行・運用

解決策が決まり、経営層の合意も得られたらいよいよ実行の段階です。実行するには相応の体制づくりが大切です。コンサルティングを実行する税理士のチームとお客様のチームがどのように動いていくか、共通認識をもちましょう。

実行の体制づくり

まずは関係者全員の合意形成です。全員が同じ目標を共有し、それに向かって協力していくようにキックオフミーティングなどを開くとよいでしょう。また、お客様側でもプロジェクトを主導するチームを組成してもらい、短期目標を設定しましょう。たとえば、ＤＸ推進が解決策の主軸であるのならば「ＤＸ推進室」などの立上げを提案し、実際の業務担当部署、たとえば経理部や財務部だけではなく、ＩＴ事業部や営業部などのメンバーから数名選出してチーム形成してもらうとよいでしょう。短期的な目標、つまりＫＰＩを設定することで、業務改善ロードマップから大きく乖離することなく策を進めることができます。

【図表】業務改善提案のガントチャート（サンプル）

	項　目	20XX年 8月	9月	10月	11月	12月
経費精算業務	ステップ1　業務の棚卸 調査票の記入・ヒアリング・立会調査	■	■	■		
	ステップ2　業務フローの可視化 業務フロー図作成サポート		■	■		
	ステップ3　課題の特定 メール確認は必要？　紙巡回はなくせないか？　など			■		
	ステップ4　解決策の策定、新業務フロー図案作成 メール確認はなくす、紙はシステムに置き換えるなど			■		
	ステップ5　解決策の実行・運用 期限設定、ガントチャート作成				■	■
	ステップ5'　システム導入サポート システムの紹介と初期設定など導入までのサポート				■	■

継続的な効果検証が大切

実行にあたっては必ず期限を設けましょう。期間設定には、ガントチャートなどを作成しておくと、プロジェクトの動きが可視化できておすすめです。上の図表はガントチャートの例として、ステップ1～ステップ5'をまとめたものです。解決策を進める上でも同様に、短期目標ごとにフェーズを設け具体的な日数を設定しましょう。

解決策実行→効果検証→解決策実行……と、素早く何度も繰り返すことが成功への近道です。最適化された業務でお客様自身に「改革」を実感いただきながら、継続的な成長を後押ししましょう。

第7章

DX推進のための制度を活用しよう

エピソード7

美味しい料理を堪能したからか、それとも海原のレッスンのおかげか、黒田の表情は事務所で会った時よりも晴れやかになっていた。食後のコーヒーを楽しみながら会話は続く。

黒田　ありがとう、海原！　これでだいぶ自信がついたぞ!!　お客様にもいい助言や提案ができそうだ。

海原　それはよかったです。たくさんのお客様のお悩みを解決できるとよいですね。そうだ、ＤＸ推進を支援する制度があるのはご存じですか？

黒田　国の制度ってたくさんあるから、知らないものが結構あるんだよな。ことＤＸ推進に関係するものとなると、ほとんど知らないな。

海原　補助金で費用負担を減らしたり、税額控除を受けられたりする制度もあるので、ＤＸを推進するのなら活用しない手はないですよ！　では、代表的なものを紹介しますね。

ＩＴ導入補助金

重要度☆☆☆☆☆

制度の概要と活用術

ＩＴ導入補助金は、中小企業・小規模事業者を対象にした、生産性の向上につながるソフトウェア製品やクラウドサービス等（以下、「ＩＴツール」といいます。）を導入するための事業費等の経費の一部を補助する補助金です。中小企業・小規模事業者が今後複数年にわたり相次いで直面する働き方改革、被用者保険の適用拡大、賃上げやインボイスの導入等の制度変更への対応を国が支援する制度です。

制度の概要

ＩＴ導入補助金は平成28年から毎年公募がされており、各回少しずつ補助率等の公募内容は変わりますが、ＩＴツール導入費用の１／２から最大３／４（上限あり）の補助金が交付されます。令和４年度の事業である「ＩＴ導入補助金２０２２」では、「通常枠（Ａ・Ｂ類型）」と「デジタル化基盤導入枠（デジタル化基盤導入類型・複数社連携ＩＴ導入類

【図表】「IT導入補助金2022」の特徴

- 会計ソフト、受発注ソフト、決済ソフト、ECソフトに補助対象を特化し、補助率を引き上げ
- クラウド利用料を最大２年分まとめて補助
- パソコン・タブレット、レジ・券売機等の購入を補助対象に追加

型）」の二つの枠の公募が行われています。「ＩＴ導入補助金２０２２」は、インボイス制度導入への対応も見据えつつ、企業間取引のデジタル化を推進するために、デジタル化基盤導入枠が新設されたことが特徴です。

ＩＴ導入補助金の活用方法

ＩＴ導入補助金は、ＤＸ化の推進、社内業務の効率化や生産性の向上につなげるために必要なＩＴツールの導入において、数万円から数百万円までのソフトウェアやクラウドサービスを購入するシステム投資で活用できます。ＩＴ導入補助金では、数多くの補助対象ツールからクラウドサービスやソフトウェアを選ぶことができますので、これからＤＸ化を推進したい企業には使い勝手がよい制度といえます。

具体的な活用のイメージとしては、会社の規模が拡大したため、部門別の収支を早期に「見える化」するために必要なクラウド会計に入れ替える、または表計算ソフトで作業をし

ていた属人的かつ非効率な業務にクラウドサービスを利用することにより、社内の情報共有化と業務効率化を図る等です。

ＩＴ導入支援事業者の役割

ＩＴ導入補助金の交付申請にあたり、申請者は必ずＩＴ導入支援事業者を通して申請する必要があります。ＩＴ導入支援事業者は、単にシステムを販売するだけでなく、ＩＴツールの提案・導入および事業計画の策定支援をはじめ、各種申請等の手続きのサポートまでも行う義務があります。申請希望者は、ＩＴツールの導入に際して、ＩＴ導入支援事業者に相談を行うことができ、相談を受けたＩＴ導入支援事業者は相談内容に対して適切なアドバイスや交付申請のための申請の支援、交付決定後のＩＴツールの導入作業、ツール導入後の実績報告までを、申請者と一体となって進める義務があります。

類型ごとの補助額・要件等の概要

通常多くの企業が取り組むと予想される、デジタル化基盤導入類型の補助金を企業単独申請するケースをみてみましょう（２０５頁、上の表）。デジタル化基盤導入類型では、補助額により、補助率と必要とする機能数が異なります。

一方、通常枠では、プロセス数、賃上げ目標が要件に加わります（次頁、下の表）。ＩＴツールが有するプロセス数の要件がＡ類型とＢ類型では異なりますので注意が必要です。なお、ここでいう「プロセス」とは、特定の業務の労働生産性が向上する、または効率化される工数のことをいいます。

ＩＴ導入補助金は、事業計画書の作成がない等、申請手続きが簡素化されています。そのため、中小企業がシステム化を行うのに必要なソフトウェア等の購入で利用しやすい補助金制度といえます。これに似た補助金制度に、後述する「ものづくり補助金」（通称）があります。「ものづくり補助金」は、ＩＴ導入補助金で対象にならないシステム開発等で利用できる補助金ですが、事業計画書の作成が必須等、申請に手間がかかります。お客様のシステム化に対する要件に応じて、手続きの負担等も考慮し適切な補助金を選択するようにしましょう。

交付申請の流れ

申請者は、国の法人・個人事業主向け共通認証システム「gBizID」（「ジー・ビズ・アイディー」と読みます。）のアカウントを取得している必要があります。ＩＤの発行手続きに10日程度要するため、未取得の場合は最初に入手します。

【図表】「IT導入補助金2022」の補助額・要件等の概要

類型名	デジタル化基盤導入類型	
補助額	５万円~350万円	
	内、５万円~50万円以下部分	内、50万円超~350万円部分
補助率	3/4以内	2/3以内
機能要件	１機能以上	２機能以上
対象ソフトウェア	（ITツール）会計ソフト、受発注ソフト、決済ソフト、ECソフト	
賃上げ目標	なし	
対象経費	ソフトウェア購入費、クラウド利用料（最大２年分）、導入関連費	

＋

ハードウェア購入費用	パソコン・タブレット等※：補助率1/2以内、補助上限額10万円
	レジ・券売機等：補助率1/2以内、補助上限額20万円

※：パソコン・タブレット・プリンター・スキャナおよびそれらの複合機器

種類	通常枠	
	A類型	B類型
補助額	30万円~150万円未満	150万円~450万円以下
補助率	1/2以内	
プロセス数	１以上	４以上
ITツール要件（目的）	類型ごとのプロセス要件を満たすものであり、労働生産性の向上に資するITツールであること	
賃上げ目標	加点	必須
対象経費	ソフトウェア購入費、クラウド利用料（１年分）、導入関連費	

出典：一般社団法人サービスデザイン推進協議会「ＩＴ導入補助金２０２２　公募要領　デジタル化基盤導入枠（デジタル化基盤導入類型）」「ＩＴ導入補助金２０２２　公募要領　通常枠（Ａ・Ｂ 類型）」を基に筆者作成

次に、導入するＩＴツールとＩＴ導入支援事業者を決定します。注意点は、ＩＴ導入補助金の交付申請対象のＩＴツールの購入先と、ＩＴ導入支援事業者が同じ会社である必要があるということです。交付申請作業は、ＩＴ導入補助金のウェブサイトですべてが完結されます。申請者は、ＩＴ導入補助金ウェブサイトの「申請マイページ」にｇＢｉｚＩＤでログインし、ＩＴ導入支援事業者と共同で申請作業を完了させ、審査を待ちます。「ＩＴ導入補助金２０２２」のケースでは、申請締切日から１カ月～１カ月半で採択結果が公表されています。

ＩＴツールの購入や補助金支払い等に関しての注意事項

①ＩＴツールの購入のタイミング

補助金の交付決定前に購入した場合は、補助金を受けることができません。補助金の交付決定後に、購入に関する契約行為を行う必要があります。

②補助金が支払われる時期

交付決定を受け、申請者がＩＴツールを購入および導入完了後に、申請マイページで事業実績報告を行います。ＩＴ導入補助金事務局がその内容を審査した上で、補助金の支払いが行われます。

審査の仕組み

審査は、事業面と政策面で行われます。それぞれ加点項目があり、総合評価で審査されます。また、減点項目があり、デジタル化基盤導入枠において過去3年間に類似の補助金の交付を受けた事業者である場合は、減点措置がされる等があります。採択率を上げる工夫として、申請する内容と記載事項に矛盾がないか等を十分確認し、審査員が見て矛盾がなく正しく理解できるようにまとめるように心がけましょう。

「IT導入補助金2022」の審査のポイントとして、事業面ではインボイスへの対応および生産性向上、政策面では賃上げへの取組み、セキュリティ対策への取組み等が要件となります。

過去の採択率

「IT導入補助金2021」の例では、通常枠の採択率は5割を切る結果に対し、デジタル化基盤導入枠に相当する特別枠は6割程度で、大きな違いがありました。特別枠は、中小企業等が国の政策に対応するための後押しという目的があるため、このような違いが出ているものと推測されます。「IT導入補助金2022」ではインボイス制度への対応が該当します。

【図表】ものづくり補助金の支給対象となった事業の例

- 新商品（試作品）の開発（水資源の再利用型ユニットバス）
- 新たな生産方式の導入（生産統制上の進捗管理を「見える化」する生産管理システムの導入）
- 新役務（サービス）開発（企業の教育研修のためのオンライン動画配信のためのB2Bプラットフォーム）
- 新たな提供方式の導入（フリーランスの経験・ノウハウに応じて企業とマッチングするクラウドサービスの導入）

ものづくり・商業・サービス生産性向上促進補助金　重要度☆☆☆

制度の概要と活用術

ものづくり・商業・サービス生産性向上促進補助金は、通称「ものづくり補助金」といわれる補助金で、中小企業・小規模事業者等の設備投資を支援する制度です。ただし、単純な設備投資ではなく、革新的サービス開発・試作品開発・生産プロセスの改善を行う目的に対するものが対象です。

ものづくり補助金は、平成24年度から形を変えながら、現在まで継続されており、各年度の補助率等の公募内容は変わりますが、上に示すような取組みに対して1／2～最大3／4（上限あり）の補助金が交付されます。

最大で補助額が3000万円となるものづくり補助金は、

【図表】「令和元年度・令和三年度補正予算事業
ものづくり・商業・サービス補助金」の公募枠

枠	対象
通常枠	革新的な製品・サービス開発または生産プロセス・サービス提供方法の改善に取り組む事業者
回復型賃上げ・雇用拡大枠	業況が厳しいながらも賃上げ雇用拡大に取り組む事業者
デジタル枠	ＤＸ等に取り組む事業者
グリーン枠	温室効果ガスの排出削減等に取り組む事業者

投資のための支払いが先行し、後から補助金を受領することができる仕組みとなっていることから、中小企業にとっては比較的高額なIT投資が必要になります。また、対象となる事業は、試作品や新しい役務の開発、革新的なプロセス改善などであり、IT導入補助金のように単純なシステム導入に対しては補助を受けることができないため、事業内容を十分に検討してから申請を進めることが必要です。

DX化の推進を行う企業を支援する「デジタル枠」の新設

「令和元年度・令和三年度補正予算事業 ものづくり・商業・サービス補助金」では、通常枠に加えて、「中小企業グリーン・デジタル投資加速化パッケージ」として、新たに「デジタル枠」「グリーン枠」を設け、補助率や上限額の引上げが新設されました。現状、上の図表の4つの枠の公募がされています。

認定経営革新等支援機関の役割

申請者は、補助事業の具体的取組み内容等を記載した事業計画書を作成し、申請することとなります。しかしながら、事業計画書の作成は簡単なことではありませんので、専門家の支援を受けて事業計画を作成する申請者が多いのが実情です。代表的な専門家としては、認定経営革新等支援機関（以下「認定支援機関」といいます。）があります。認定支援機関とは、中小企業支援に関する専門的知識や実務経験が一定レベル以上にある者として、国が認定した支援機関で、税理士、税理士法人、公認会計士、中小企業診断士、商工会・商工会議所、金融機関等などが登録されています。認定支援機関は、計画や申請書そのものを作成することができません。申請者の事業計画の策定等の相談に対して、公募要項の記載内容に沿って事業計画書の作成のアドバイスを行います。

補助額・要件等の概要

一般的な類型である「通常枠」の場合における補助額・要件の概要は次の図表のとおりです。通常枠では、専用ソフトウェア・情報システムの購入・構築、借用に要する経費やクラウドサービスの利用に関する経費等、情報システムへの投資に対する補助を受けることができます。令和4年度より、従業員の人数により補助額の上限が変わる仕組みになりました。

【図表】「令和元年度・令和三年度補正予算事業 ものづくり・商業・サービス補助金」通常枠の補助額・要件等の概要

通常枠			
補助金額	従業員数５人以下：100万円~750万円	6人~20人：100万円~1,000万円	21人以上：100万円~1,250万円
補助率	1/2 （小規模企業者・小規模事業者※1、再生事業者※2の場合は2/3）		
基本要件	以下を満たす３～５年の事業計画の策定および実行 ・付加価値額 ＋３％以上／年 ・給与支給総額 ＋1.5%以上／年 ・事業場内最低賃金≧地域別最低賃金＋30円		
補助対象経費	機械装置・システム構築費、技術導入費、専門家経費、運搬費、クラウドサービス利用費、原材料費、外注費、知的財産権等関連経費		

※１：小規模企業者・小規模事業者
　常勤従業員数が、製造業その他・宿泊業・娯楽業では20人以下、卸売業・小売業・サービス業では５人以下の会社または個人事業主をいう。

※２：再生事業者
　中小企業活性化協議会（旧：中小企業再生支援協議会）等から支援を受け、応募申請時において以下のいずれかに該当していること。
　（１）再生計画等を「策定中」の者
　（２）再生計画等を「策定済」かつ応募締切日から遡って３年以内（令和元年８月19日以降）に再生計画等が成立等した者

出典：ものづくり・商業・サービス補助金事務局（全国中小企業団体中央会）「令和元年度補正・令和三年度補正　ものづくり・商業・サービス生産性向上促進補助金　公募要領（11次締切分）」1.0版（令和４年５月）を基に筆者作成

【図表】「デジタル枠」で認められる事業内容の例

- DXに資する革新的な製品・サービスの開発
  例：AI・IoT、センサー、デジタル技術等を活用した遠隔操作や自動制御、プロセスの可視化等の機能を有する製品・サービスの開発（部品、ソフトウェア開発を含む）等
- デジタル技術を活用した生産プロセス・サービス提供方法の改善
  例：AIやロボットシステムの導入によるプロセス改善、受発注業務のIT化、複数の店舗や施設にサービスを提供するオペレーションセンターの構築等

ＤＸ化推進のために設けられた「デジタル枠」では、革新的な製品・サービス開発またはデジタル技術を活用した生産プロセス・サービス提供方法の改善による生産性向上で使用する設備・システム投資等に対して補助を受けられます。補助額の上限は通常枠と変わりませんが、従業員数にかかわらず補助率が２／３に上がります。

「デジタル枠」で認められる事業内容の例を上の図表に示しました。単純なシステムの導入やアナログ・物理データの電子化にとどまるものは対象外となりますので注意しましょう。帳票の電子保存システムや電子契約システム等のように、システム導入や開発を行っても既存の業務フローそのものの見直しにはつながらないものは、対象外です。

【図表】ものづくり補助金の審査項目の例

①技術面
- 取組み内容の革新性
- 課題の解決方法の優位性
- 課題や目標の明確さ
- 技術的能力

②事業化面
- 事業実施体制
- 事業化までのスケジュールの妥当性
- 市場ニーズの有無
- 補助事業としての費用対効果

③政策面
- 地域経済への波及効果
- イノベーション性
- ニッチトップとなる潜在性
- 事業環境の変化に対応する投資内容
- 事業連係性

審査の仕組み

ものづくり補助金の事業計画書が採択されるためには、テーマと審査項目に沿ったものであることが大原則です。テーマとは、国が政策的に進めている取組みであり、令和4年度の公募でいうと、中小企業等における働き方改革や被用者保険の適用拡大、賃上げ、インボイス導入等に対応するための取組みです。過去の例では、「IoT等を用いた設備投資」を行い、生産性を向上させる取組みというものがありました。

なお、年度によって審査項目が少しずつ異なることが特徴です。審査項目は、公募要項に記載されているため、必ず確認するようにしましょう。

採択率

「令和元年度補正・令和二年度補正　ものづくり商業・サービス生産性向上促進補助金」の採択件数は2万5617件です（採択発表日令和4年7月15日時点）。直近の結果では、9次（令和4年3月25日発表）と10次（令和4年7月15日発表）の採択率はそれぞれ62・1％、60・8％でした。過去の公募では、これよりかなり低い採択率の年度もありましたので、現在実施されている公募へチャレンジする価値は十分あるといえそうです。

採択率を上げる工夫の一つとして、中小企業診断士との連携が考えられます。中小企業診断士は、企業の成長戦略策定やその実行のためのアドバイスが主な業務で、成長戦略を実行するにあたって具体的な経営計画策定の支援を行っています。ものづくり補助金で実施する補助金事業は成長戦略の具体的な実行の一つの形であるため、この分野の専門的なノウハウを有する中小企業診断士と連携して対応することは非常に有益であると考えられます。

ＤＸ投資促進税制　重要度☆☆

概要

導入背景

昨今のビジネスにおいては、産業構造や国際的な競争条件、ウィズ・ポストコロナ時代を見据えた経済社会情勢など、さまざまな変化に対応し、競争力を高めることが求められています。産業競争力強化法では、事業再構築、ＤＸ、カーボンニュートラルの実現に向けて生産性向上・需要の開拓を目指して行う事業の変更を「事業適応」と定義した上で、企業の産業競争力の強化を支援する取組みを進めています。その中の一つが、ＤＸ投資促進税制です。

企業が戦略に基づき全社的にＤＸに取り組むにあたり、事前に所定の申請をし、事業所管大臣の確認・認定を受けた場合に、ＤＸ投資促進税制が適用できます。ＤＸ投資促進税制の適用を受けている事業者は、令和４年９月２日現在で32件です。

詳しくは後述しますが、申請時に必要な事業適応計画策定に際しては、「ＤＸ認定」の取得、デジタル要件、企業変革要件などを押さえておく必要があります。

税制措置の概要

青色申告書を提出する法人で産業競争力強化法の認定事業適応事業者が、令和3年8月2日から令和5年3月31日までの期間内に、認定事業適応計画に従って実施される情報技術事業適応の用に供する資産の取得等が対象で、特別償却（30%）または特別控除（3%、一定の場合は5%）の適用を受けることができます。

投資額の下限は国内の売上高比0・1%以上、上限は300億円とされています。また、税額控除の上限は、「カーボンニュートラル投資促進税制」と合わせて当期の法人税額の20%までとされています。

【図表】DX投資促進税制の内容

対象設備	税額控除	or	特別償却
●ソフトウェア ●繰延資産※1 ●器具備品※2 ●機械装置※2	3％ 5％※3		30%

※1：クラウドシステムへの移行に係る初期費用をいう
※2：ソフトウェア・繰延資産と連携して使用するものに限る
※3：グループ外の他法人ともデータ連携する場合

＊　**投資額下限：国内の売上高比0.1%以上**
＊　**投資額上限：300億円**
(300億円を上回る投資は300億円まで)
＊　税額控除上限：「カーボンニュートラル投資促進税制」と合わせて当期法人税額の20%まで

出典：経済産業省「産業競争力強化法における事業適応計画について」
(https://www.meti.go.jp/policy/economy/kyosoryoku_kyoka/zentaishiryo.pdf)

要件

ＤＸ投資促進税制の適用を受ける場合には、事業適応計画の認定要件および主務大臣の確認を受けるための基準として、次頁の図表記載の要件を満たす必要があります。

デジタル（Ｄ）要件としては、データ連携を行うこと、クラウド技術を活用すること、後述する「ＤＸ認定」の取得があります。

企業変革（Ｘ）要件としては、一定以上の生産性向上または売上上昇が見込まれること、計画期間内で商品の製造原価が８・８％以上削減されることなどがあり、全社の意思決定に基づくものであることの証明として取締役会等の決議文書の提出が必要となります。

この中で、優先して確認すべき要件は、「ＤＸ認定」の取得です。なぜなら、取得に時間がかかるからです。

ＤＸ認定制度

ＤＸ認定制度は、情報処理の促進に関する法律に基づき、「デジタルガバナンス・コード」の基本的事項に対応する企業を国が認定する制度です。優良な取組みを行う事業者を、申請に基づいて独立行政法人情報処理推進機構（ＩＰＡ）が審査し、経済産業省が認定しています。なお、「デジタルガバナンス・コード」とは、企業がデジタル技術による社会変

【図表】DX投資促進税制の適用要件一覧

前提	計画期間	情報技術事業適応に関する計画（事業適応計画）の実施期間が、5年以内
	財務の健全性	計画の終了年度において次の達成が見込まれること ①有利子負債/CF≦10、②経常収入＞経常支出
デジタル（D）要件	DX認定の取得	DX認定を取得している事業者であって、過去にDX投資促進税制に係る課税の特例の確認を受けたことがないこと
	クラウド技術の活用	クラウドシステムを活用して行うこと
	データ連携	既存データと次のいずれかのデータとを連携し、有効に利活用すること ①グループ内外の事業者・個人の有するデータ ②センサー等を利用して新たに取得するデータ
企業変革（X）要件	全社的取組み	実施しようとする事業適応が、取締役会その他これに準ずる機関による経営の方針に係る決議・決定（一事業部門・一事業拠点でなく組織的な意思決定）に基づくこと
	前向きな取組み	情報技術事業適応の内容が、次の①から③までのいずれかの類型に該当すること ①新商品、新サービスの生産・提供 ⇒ 投資額に対する新商品等の収益の割合が10倍以上 ②商品の新生産方式の導入、設備の能率の向上 ⇒ 商品等1単位当たりの製造原価等を8.8%以上削減 ③商品の新販売方式の導入、サービスの新提供方式の導入 ⇒ 商品等1単位当たりの販売費等を8.8%以上削減
	生産性の向上または新需要の開拓のいずれか	**＜生産性向上＞** 計画の終了年度において平成26～30年度の平均値を基準として、ROA＋1.5%ポイント向上の達成が見込まれること（企業単位）
		＜新需要の開拓＞ 計画の終了年度において当該新商品・新サービスの売上高伸び率≧過去5事業年度の当該新商品・新サービスの属する業種売上高伸び率 ＋5％ポイントの達成が見込まれること

出典：経済産業省「産業競争力強化法における事業適応計画について」を基に筆者作成

化への対応をとらえ、ステークホルダーとの対話を基盤として行動していくにあたって経営者に求められる対応をまとめたものです。

申請の際は、次頁の図表のとおり企業経営の方向性、戦略、組織・人材面での方策、成果指標、サイバーセキュリティに関する対策などの項目について報告することが必要です。なお、ＤＸ認定される企業は、「ＤＸ－Ｒｅａｄｙ状態＝企業がデジタルによって自らのビジネスを変革する準備ができている状態」とされています。

ＤＸ認定を取得することで、ＤＸ投資促進税制の適用以外にも、企業ブランド価値の向上、ガバナンス強化などのメリットがあります。加えて中小企業者には、日本政策金融公庫から基準利率より低い特別利率で融資が受けられたり、信用保証協会による信用保証も追加保証が受けられるなどの融資面におけるメリットもあります。なお、「ＤＸ認定」を受けている事業者は、４８４件（令和4年9月30日現在）です。

顧問税理士としてＤＸ投資促進税制の活用を提案することは、ＤＸ認定取得や事業適応計画策定の過程で、お客様がＤＸを推進するための課題を整理するサポートを行いながら、ＤＸ戦略を経営戦略としてとらえるきっかけとして経営視点のアドバイスを提供するチャンスとなります。

【図表】デジタルガバナンス・コードとDX認定制度の申請項目の関係

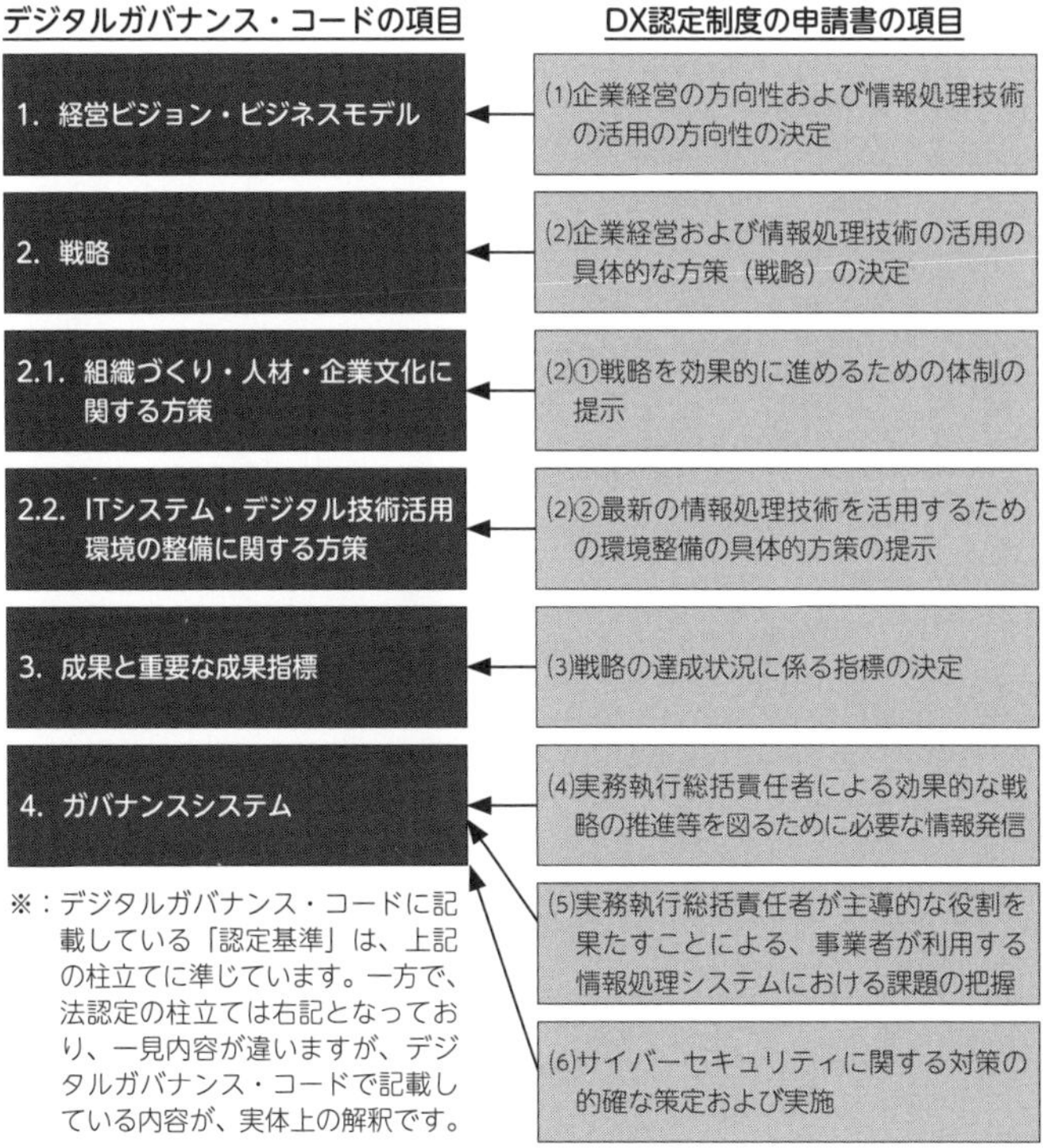

出典：経済産業省／独立行政法人情報処理推進機構「DX認定制度　申請要項（申請のガイダンス）」（令和２年11月９日）

キャッシュレス納付　重要度☆☆☆☆☆

さまざまなキャッシュレス納付方法

納税をするには、少し前までは金融機関や税務署の窓口まで出向かなければいけないのが通例でした。支払いに行くための時間の確保もさることながら、月末ともなると窓口が込み合い、支払完了までにかなりの時間がかかることもしばしば。特にコロナ禍においては密を避けるために、金融機関で窓口対応が予約制になるなど、期限厳守の納付においては悪条件が増えてしまいました。そんな中で注目されているのが「キャッシュレス納付」です。ここではキャッシュレス納付にはどのような種類があるのかみていきましょう。

クレジットカード納付

キャッシュレス納付の一つに、クレジットカード納付があります。国税の場合、法人税や消費税および地方消費税、個人の所得税のほかに、相続税や贈与税の納付もできます。決済手数料がかかりますが、納付期限には納税資金がないが翌月に大口の売掛が入金になるなどの場合に最適です。現在の決済手数料は０．76％（消費税別）で、最初の１万円までは76円（消費税別）、以後１万円を超えるごとに76円（消費税別）が加算されます。クレジットカード会社のポイントが付与されるので、実際はそこまで高額の手数料負担とはなりません。以前はクレジットカードの種類によっては、付与されるポイントの方が決済手数料より多かったこともありました。

クレジットカード納付は、国税については使い勝手がよい納付方法ですが、地方税についてはそれぞれの地方公共団体によって対応が異なります。たとえば東京都の場合、法人都民税・法人事業税・特別法人事業税・地方法人特別税については、すでに申告書を提出済みの場合、クレジットカード納付に必要な納付書を都から発行してもらった上でクレジットカード納付をすることができます。地方公共団体によって対応が違うので、地方公共団体の各ホームページや電話等で確認が必要です。

電子納税

電子納税という方法もあります。電子納税については、二つの方法があり、ダイレクト納付とインターネットバンキングによる納付があります。

ダイレクト納付とは、事前に各税務署・事務所に届出等をしておき、e-Taxや

ｅＬＴＡＸを利用して電子申告または納付情報登録をした後に、届出をしている口座から即時または期日を指定して納付することです。

インターネットバンキングとは、読んで字のごとく、金融機関のインターネットバンキング用のホームページから納税する方法です。ペイジー（Ｐａｙ－ｅａｓｙ）を通じてインターネットバンキング、モバイルバンキングを利用して納付します。ペイジーとは、収納機関と金融機関を結ぶマルチペイメントネットワークで、利用者が税金や料金等を支払った場合、即時に収納機関に通知するサービスのことです。ただし、対応していない地方公共団体があるので、事前に地方公共団体の各ホームページや電話等で確認が必要です。

その他の納付方法

代表的なものは、個人の申告所得税や個人事業者に係る消費税および地方消費税が、確定申告後に自動で口座から引き落とされる振替納税です。

また、最近ではいわゆる「コンビニ納付」や「スマホアプリ納付」といった納付方法があります。あらかじめ納付額が決まっているものであれば、納付書にバーコードが記載してあるので納税が可能です（令和5年度からはＱＲコードも記載予定）。主に市町村が納税対象となる固定資産税や軽自動車税を対象としています。国税は今後導入予定です。いずれの納付方法も納付額の上限が30万円なので、法人というより個人をターゲットにしている納付方法です。

なお、コンビニ納付とスマホアプリ納付の違いですが、コンビニ納付は、コンビニエンスストアのレジで直接現金（一部店舗は対応するキャッシュレス決済も可能）で納付する方法です。スマホアプリ納付は、スマートフォンの決済アプリを使って納付します。対応する決済アプリで納付書のバーコード情報を読み込めば、どこでも決済できます。

キャッシュレス納付のすすめ

以上のように、利用者のニーズに合わせ、さまざまなキャッシュレス納付の方法があります。支払いを行う場合、金融機関のインターネットバンキングを利用し、金融機関に行かずに支払いを済ませているケースが非常に多い昨今、納税をするためだけに金融機関に行く必要があるでしょうか。自ら現場で指揮をとり､汗を流している中小企業の経営者が、貴重な時間を割いて金融機関の営業時間内に現場を離れる必要があるでしょうか。

もちろん納税は必ずしなければなりません。いつでも、どのような場所でも納税ができるキャッシュレス納付は非常に効率が良く、DX化に必要なことの一つといえます。

【図表】国税の納付方法

納付手続	納付方法	納付手続に必要となるもの	
窓口納付	金融機関又は所轄の税務署の窓口で納付する方法	納付書（金融機関の窓口で納付する場合）	現金納付
コンビニ納付	コンビニエンスストアの窓口で納付する方法	コンビニ納付用QRコード または　バーコード付納付書	現金納付
※納付税額30万円以下のみ			
ダイレクト納付	e-Taxによる簡単な操作で預貯金口座からの振替により納付する方法	●e-Taxの開始届出書の提出 ●ダイレクト納付利用届出書の提出	キャッシュレス納付
インターネットバンキング等	インターネットバンキング等から納付する方法	●e-Taxの開始届出書の提出 ●インターネットバンキング又はモバイルバンキングの契約	キャッシュレス納付
クレジットカード納付	「国税クレジットカードお支払サイト」を運営する納付受託者（民間業者）に納付を委託する方法	●クレジットカード ●決済手数料	キャッシュレス納付
振替納税	預貯金口座からの振替により納付する方法	●振替依頼書の提出	キャッシュレス納付
スマホアプリ納付	スマートフォンアプリ決済サービスを利用して納付する方法	⇨ 今後導入予定	キャッシュレス納付
※納付税額30万円以下のみ			

出典：財務省『ファイナンス』（令和３年８月号）「特集　令和７年までに40％へ
国税のキャッシュレス納付拡大に向けた国税庁の取組」（３頁）

第8章

DX時代の税理士に求められること

エピローグ

海原のランチレッスンの数日後。とある企業の会議室で、胸を張って顧客の対応をする黒田の姿があった。

「……では、もっと早く試算表を確認したいということなんですね。社長、以前『わが社も始めるぞ』とおっしゃっていたDXを、今こそ推進しましょう！　私もサポートしますので、まず会計ソフトから変更をしてみませんか？　御社の会計ソフトは10年ほど前に購入したオンプレミス型のものでしたよね。実は最近、同じ会計ソフトのクラウド型が出ているのはご存じですか？　クラウド会計といわれるものです。クラウド会計というのは……」

意気揚々と説明する黒田に呼応して、社長も矢継ぎ早に質問する。未来の成長した会社のイメージがどんどん膨らんでいくにしたがって、二人の表情も情熱を帯びたものに変わっていくのであった。

税理士の仕事内容とは？

「はじめに」で問いかけた内容ですが、本書を読み進める前と後では、この問いに対するイメージがかなり変わったのではないでしょうか。「はじめに」では「相談役」という言葉を用いて税理士の仕事をご説明するとともに、「時代のニーズに合わせてお客様から求められるサービスも多様化していく」という、税理士特有の悩みにも触れました。

しかし、ニーズが生まれるということは新たなビジネスを醸成するきっかけでもあるため、税理士こそ、このＤＸの波に乗るべきだと思っています。むしろこの波に乗れなければ、ＤＸに精通したほかの税理士にお客様をとられてしまうなどということも、今の時代だからこそ十分にあり得る話になっています。

ＤＸ時代の税理士として、本書で得た知識をどのようにしてお客様のサポートにつなげていくか、最後に振り返っておきましょう。

ＤＸの理解（第１章、第２章）

第１章から第２章では、ＤＸについて基本的な理解を深めていただくため、ＤＸという言葉のルーツについて触れていきました。また日本のＤＸ事情や法改正を併せて理解していただくことで、社会が求めるＤＸについてのイメージが湧いたかと思います。ＤＸについて理解していなければ、この後につながるお客様への情報提供や業務改善支援に進むことができないため、簡単にお客様へ説明できるようにしておきましょう。

ＤＸの３つのステップ（第３章）

第３章では、ＤＸの３つのステップ「アナログ作業のデジタル化」「個別の業務プロセスのデジタル化」「全体の業務プロセスの最適化」を順にご説明しました。基本となるステップを踏み間違えてしまうと、本来の意味としてのＤＸ化（ＩＴ化することでの目的達成）にはたどり着くことができません。組織全体の業務を俯瞰してＤＸに取り組まなければ、属人化やレガシーシステム化などの問題を引き起こしやすく、また、アナログ作業を見つけ、デジタルに置き換えていく最初のステップをきちんと踏まなければ、デジタルをつなげてＩＴ化していく次のステップに続いていかないため、いざＤＸを進める際には、このステップを理解した上で始めましょう。

業務別、業種別の提案のポイント（第4章、第5章）

第３章までは、ＤＸの知識をインプットすることを目的としていましたが、第４章以降ではより実践的な内容に踏み込んでいきました。第４書と第５章では、対応するお客様のニーズや業種に合わせて参考にしていただけるよう、基本的な業務別・業種別のＤＸ提案方法をまとめているため、お客様へのＤＸ提案の際にご一読いただくと適切なアドバイスができるようになるかと思います。

業務改善の提案のポイント（第6章）

第６章では、ＤＸ推進にあたっての実際の業務改善提案の進め方を細かく解説しました。提案内容を大きく５つのステップに分けていますが、その中でも「ステップ１　業務の棚卸」「ステップ２　業務フローの可視化」については、ＤＸの推進以前に、企業にとって非常に重要なプロセスとなります。業務の棚卸をすることにより、今の業務量を全員が客観的に把握することができます。業務フローの可視化も併せて行うことで、従業員ごとの業務量もおのずとみえてくるため、業務負担の平準化にも役立てられます。また、その後のＤＸ化に向けての動きが組み立てやすくなるため、特に押さえておくべきポイントといえます。

税制、補助金などの活用（第7章）

第7章では、私たち税理士の根幹となる会計税務と紐づく税制や各種補助金について触れました。業務改善の提案の中にこの章の内容を組み込むことで、実行時のコストを抑えたり、税制の活用によるメリットを享受したりすることもできます。

また、そもそもの提案のきっかけにしやすいため、まずは提案の前に今活用できそうな税制や補助金などのピックアップから始めると、その提案をより魅力的なものに仕上げることができるでしょう。

おわりに

本書は、「DXに苦手意識をもつ税理士が、顧問先のDX推進をサポートできるようになるために読むべき本」をコンセプトに各章を構成しました。本書の登場人物である税理士の黒田は、あくまで架空のキャラクターではあるものの、実際にはDXの意味や意義を理解していない税理士は多いものと思います。

しかし、私たちが常にプロフェッショナルであるためには、お客様のニーズに答えることは必要不可欠です。「日進月歩、常に変わりゆくデジタル社会に適応し、お客様に寄り添い、時には大胆にDXを推し進める」。本書を読んだ皆さんが、そんな税理士に少しでも近づけたのならば幸いです。

著者紹介

辻・本郷ＩＴコンサルティング株式会社

編著者

鬼澤《おにざわ》　英《はなえ》　取締役

２０１０年11月に辻・本郷　税理士法人　総務部へ入社。２０２１年12月に辻・本郷ＩＴコンサルティング株式会社取締役に就任。経理事務一筋10年、１万を超える請求書の発行・管理、入金管理のＩＴ化に従事してきた実務経験を生かして、経理回りのお悩みを解決するサポートをしている。会計事務所向けサービス『ＮＥＸＴＡ』で隔週木曜日公開中の番組「ＤＸの世界」にファシリテーターとして出演中。

佐藤《さとう》　大樹《だいき》　ＤＸバックオフィス事業部コンサルタント

２０１６年９月に辻・本郷　税理士法人　仙台事務所へ入社。創業期から上場子会社まで幅広い規模の法人税務顧問業務に従事。辻・本郷　税理士法人ホームページのコラム執筆や会計事務所向けサービス『NEXTA』の実トレ試験（税務・会計に関するテスト）の作問も担当。2021年10月より辻・本郷ITコンサルティング株式会社へジョイン。税務・会計などの通常顧問業務だけでなく、業務の効率化支援・コロナ禍によるDX化をサポートするためのコンサルティングに注力している。

著者

黒仁田《くろにた》 健《けん》 代表取締役
猪野《いの》 茂《しげる》 取締役
菊池《きくち》 典明《のりあき》 取締役
海老原《えびはら》 章洋《あきひろ》
岡部《おかべ》 素史《もとふみ》
小原《おばら》 健一《けんいち》
喜多村《きたむら》 映里《えり》
齋藤《さいとう》 依里《えり》
斉藤《さいとう》 隆晃《たかあき》

佐藤《さとう》 龍一《りゅういち》
鈴木《すずき》 正彦《まさひこ》
高野《たかの》 涼子《りょうこ》
髙山《たかやま》 智之《ともゆき》
西野《にしの》 雅丈《まさたけ》
林田《はやしだ》 慎平《しんぺい》
藤江《ふじえ》 高寛《たかひろ》
松山《まつやま》 考志《こうじ》
馬渕《まぶち》 健斗《けんと》
吉田《よしだ》 雅人《まさと》

サービス・インフォメーション

通話無料

①商品に関するご照会・お申込みのご依頼
TEL 0120(203)694／FAX 0120(302)640

②ご住所・ご名義等各種変更のご連絡
TEL 0120(203)696／FAX 0120(202)974

③請求・お支払いに関するご照会・ご要望
TEL 0120(203)695／FAX 0120(202)973

●フリーダイヤル(TEL)の受付時間は、土・日・祝日を除く9:00〜17:30です。

●FAXは24時間受け付けておりますので、あわせてご利用ください。

業種別・業務別で助言できる！
税理士のための顧問先DX推進サポートブック

2022年12月10日　初版発行

編著者　辻・本郷ITコンサルティング株式会社

発行者　田　中　英　弥

発行所　第一法規株式会社
〒107-8560　東京都港区南青山2-11-17
ホームページ　https://www.daiichihoki.co.jp/

税理士顧問先DX　ISBN 978-4-474-07938-0 C2034（4）